Z-KAI

かっこいい小学生になろう

# Z会グレードアップ問題集
# 全科テスト

国語　算数　理科　社会

小学
4年

## はじめに

### Ｚ会は「考える力」を大切にします。

『Ｚ会グレードアップ問題集　全科テスト』は，教科書レベルの問題では物足りないと感じている方・難しい問題にチャレンジしたい方を対象とした学習到達度を確認するテストです。発展的・応用的な問題を中心に，当該学年の各教科の重要事項をしっかり確認できるよう内容を厳選しています。少ない問題で最大の効果を発揮できるように，通信教育における長年の経験をもとに“良問”をセレクトしました。単純な知識・技能の習得レベルを確認するのではなく，本当の意味での「考える力」が身についているかどうかを確認するテストです。

**特徴 1**

総合的な読解力・情報整理力・思考力・計算力・表現力の定着を確認できる問題構成。

**特徴 2**

発展的・応用的な問題を多く掲載。算数・国語の重要単元をしっかり学習できる。

**特徴 3**

図や資料の読み取りを通して，知識・技能の活用力を伸ばす，理科・社会。

**特徴 4**

お子さまを的確にサポートできる，別冊『解答・解説』付き。

## 目次



※「国語」は冊子の後ろ側から始まります。

**保護者の方へ**

本書は，『Ｚ会グレードアップ問題集』シリーズに取り組んでいない場合でも，実力診断としてお使いいただくことができます。

別冊『解答・解説』23ページに，各教科の単元一覧を掲載していますので，テスト前の確認やテスト後の復習の際にご参照ください。また，『Ｚ会グレードアップ問題集』(別売り)と一緒にお使いいただくと，教科，単元別により多くの問題に取り組むことができて効果的です。

## この本の使い方

① この本は全部で16回あります。
好きな科目の1から順番に取り組みましょう。

② 1回分が終わったら，おうちの人に〇をつけてもらいましょう。

③ 〇をつけてもらったら，下の「学習の記録」に，取り組んだ日と
とく点を書きましょう。

④ とく点の右にあるめもりに，とく点の分だけ好きな色を
ぬりましょう。

（れい）　85 点

## 学習の記録

|  | 取り組んだ日 | とく点 | 10 | 20 | 30 | 40 | 50 | 60 | 70 | 80 | 90 | 100 |
|---|---|---|---|---|---|---|---|---|---|---|---|---|
| 算数1 | 月 日 | 点 | | | | | | | | | | |
| 算数2 | 月 日 | 点 | | | | | | | | | | |
| 算数3 | 月 日 | 点 | | | | | | | | | | |
| 算数4 | 月 日 | 点 | | | | | | | | | | |
| 算数5 | 月 日 | 点 | | | | | | | | | | |
| 国語1 | 月 日 | 点 | | | | | | | | | | |
| 国語2 | 月 日 | 点 | | | | | | | | | | |
| 国語3 | 月 日 | 点 | | | | | | | | | | |
| 国語4 | 月 日 | 点 | | | | | | | | | | |
| 国語5 | 月 日 | 点 | | | | | | | | | | |
| 理科1 | 月 日 | 点 | | | | | | | | | | |
| 理科2 | 月 日 | 点 | | | | | | | | | | |
| 理科3 | 月 日 | 点 | | | | | | | | | | |
| 社会1 | 月 日 | 点 | | | | | | | | | | |
| 社会2 | 月 日 | 点 | | | | | | | | | | |
| 社会3 | 月 日 | 点 | | | | | | | | | | |

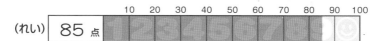

算数

# 1 かくにんテスト

学習日　月　日　得点　／100点

**1** 次のわり算をしなさい。わりきれないものは商を整数で求《もと》め，あまりも出しなさい。（各《かく》５点）

① 6)92

② 7)504

③ 3)625

**2** 次の□にあてはまる数を書き入れなさい。（１問６点）

①

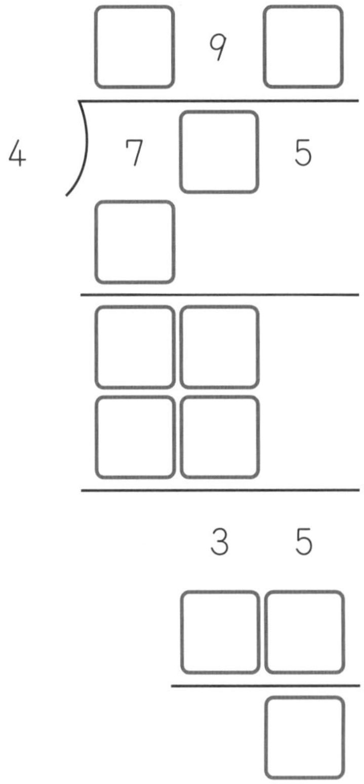

②

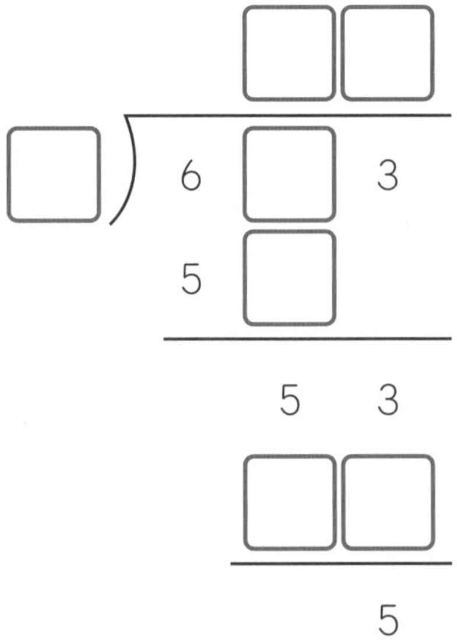

**3**　今日はわくわく小学校で運動会が行われています。

玉入れをして，赤組と白組で入れた玉の数を数えました。白組は赤組より8こ多く入れ，赤組と白組の入れた玉の数は合わせて90こでした。それぞれの組が入れた玉の数を，下の図のように線の長さで表しました。

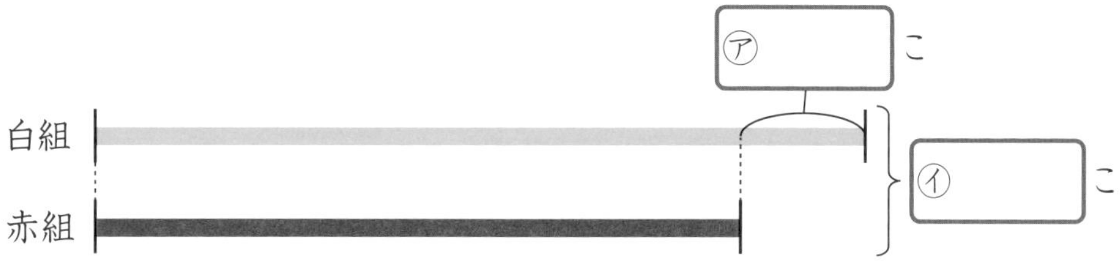


1　上の図の□にあてはまる数を書き入れなさい。(□1つ4点)

2　赤組が入れた玉の数は何こですか。(8点)

3　運動会を見に来たほご者に配るペットボトルのお茶と水を用意しました。お茶の本数が水の本数の5倍で，合わせて240本ありました。それぞれの数は何本ですか。(各5点)

お茶　　　　水

**4**　右の図の点Ａ，Ｂ，Ｃ，Ｄを順《じゅん》に直線で結《むす》ぶと，ＡＤとＢＣが平行になりました。次の問いに答えなさい。

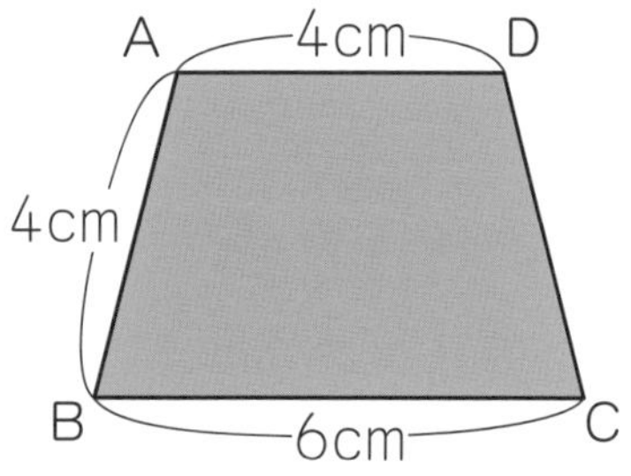


①　四角形ＡＢＣＤの名前を答えなさい。（5点）

②　点Ｃを通り辺《へん》ＢＡに平行な直線を引き，辺ＡＤを右側《みぎがわ》にのばした直線と交わる点をＥとします。このとき，点Ａ，Ｂ，Ｃ，Ｅを順に直線で結んでできる四角形ＡＢＣＥの名前を答えなさい。（8点）

③　さらに，点Ｄを通り辺ＡＢに平行な直線を引き，辺ＢＣと交わる点をＦとします。このとき，点Ａ，Ｂ，Ｆ，Ｄを順に直線で結んでできる四角形ＡＢＦＤの名前を答えなさい。（10点）

**5** ゆみさんの家では，テレビ番組をレコーダーやＤＶＤ《ディーブイディー》に録画《ろくが》して，家族でいっしょに見るのを楽しみにしています。レコーダーには「2 TB」，ＤＶＤには「4.7 GB」と書かれていて，ゆみさんはこの意味を知りたくなったので，お母さんといっしょにパソコンを使って調べて，下のようにまとめました。

パソコンやレコーダーであつかうデータの大きさを表すときに「B（バイト）」という単位《たんい》を使う。
1000 B＝1 KB（キロバイト）　1000 KB＝1 MB（メガバイト）
1000 MB＝1 GB（ギガバイト）　1000 GB＝1 TB（テラバイト）

1 パソコンに7000まいの写真のデータがほぞんされています。写真1まいのデータの大きさを2 MBとします。1まいのＤＶＤには4.7 GBまでデータをほぞんできます。パソコンに入っている写真のデータ全部をＤＶＤにほぞんするとき，ＤＶＤを何まい用意すればよいですか。

（12点）

2 ゆみさんの家のレコーダーには2 TBまでデータを入れることができます。レコーダーには，録画した番組のデータがすでに1.4 TB入っています。1時間の番組のデータの大きさを8 GBとするとき，あと何時間録画することができますか。（12点）

算数

# 2 かくにんテスト

学習日　　月　　日　　得点　　／100点

**1** 次の計算をしなさい。(各《かく》2点)

① $32 \times (48 - 28)$

② $12 + 36 \div 6$

③ $90 - 54 \div (8 - 5)$

④ $(14 + 56) \div (28 \div 4)$

**2** くふうして，次の計算をしなさい。(各3点)

① $36 + 85 + 64$

② $56 \times 25$

③ $99 \times 47$

④ $102 \times 35$

⑤ $18 \times 74 - 18 \times 69$

⑥ $730 \times 7 + 730 \times 93$

**3** 右下のような的《まと》を使って的当てゲームをしました。ボールが真ん中に当たると3点，外側《そとがわ》に当たると1点，的に当たらなかったときは0点が点数になります。25人がそれぞれ3回ずつボールを投げました。下の表は合計点ごとの人数をまとめたものです。3点の的にボールが当たった回数は全部で24回でした。次の問いに答えなさい。

| 合計点（点） | 0 | 1 | 2 | 3 | 4 | 5 | 6 | 7 | 9 |
|---|---|---|---|---|---|---|---|---|---|
| 人数（人） | 1 | 1 | 3 | 6 | 5 | 4 | 2 | 2 | 1 |

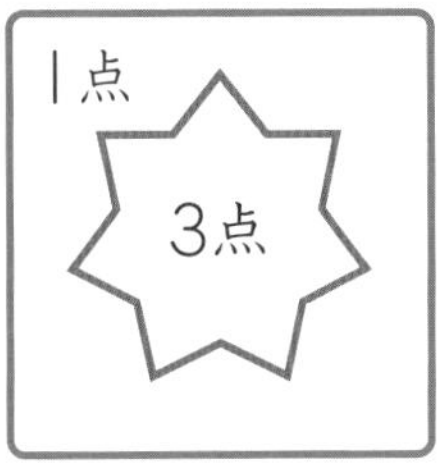


1 1点の的にボールが当たった回数が1回の人は全部で何人ですか。（8点）

2 合計点が3点だった6人のうち，ボールが3点の的に当たった人は何人ですか。（10点）

3 ボールが的に当たらなかった回数は全部で何回ですか。（10点）

**4** 次の図の角(あ)，角(い)，角(う)，角(え)について答えなさい。（各《かく》 10 点）

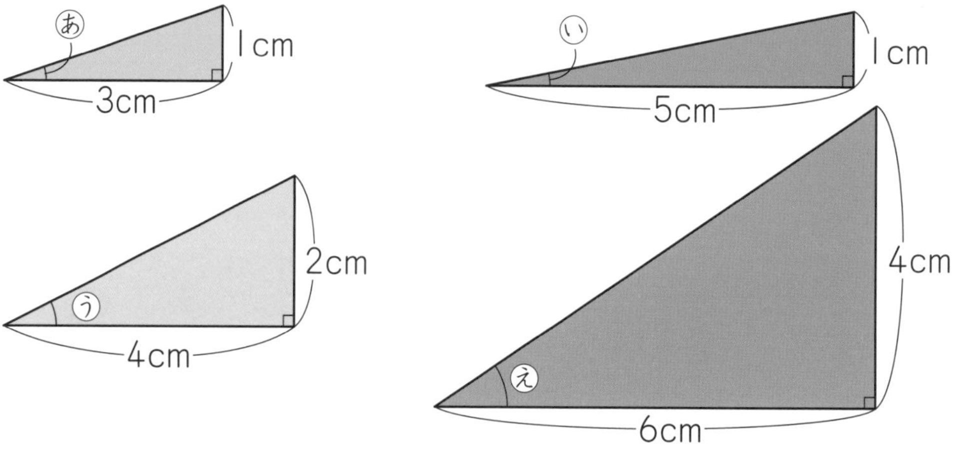


1 「角(あ)」と「角(う)」の 2 つの角の大きさの和は何度ですか。下の 1辺《いっぺん》が 1cm の正方形のます目を使って求《もと》めなさい。

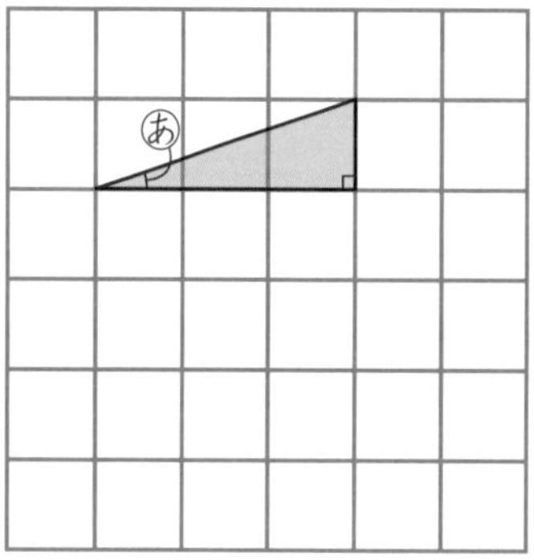


2 角(あ)，角(い)，角(う)，角(え)の 4 つの角の大きさの和は何度ですか。

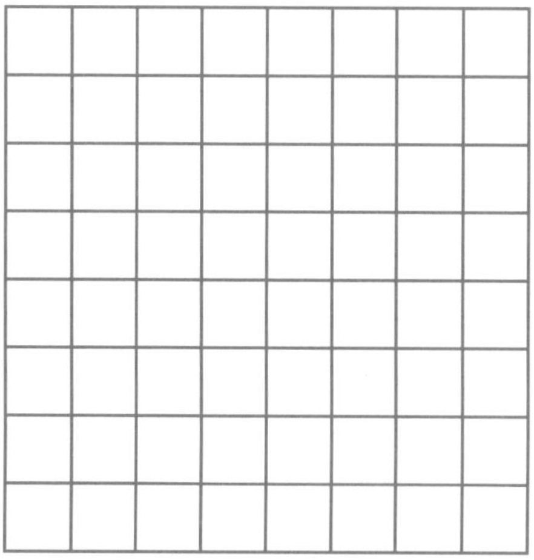

**5** 次の□にあてはまる数を書き入れなさい。(□１つ２点)

① $3000000\,cm^2$ = □ $m^2$

② $7000000\,m^2$ = □ $km^2$

③ $60\,km^2$ = □ $m^2$

④ 8 ha = □ a = □ $m^2$

**6** 次の①，②は，長方形や正方形を組み合わせたり取りのぞいたりしてできた図形です。色がついた部分の面積《めんせき》をそれぞれ求めなさい。(各８点)

①

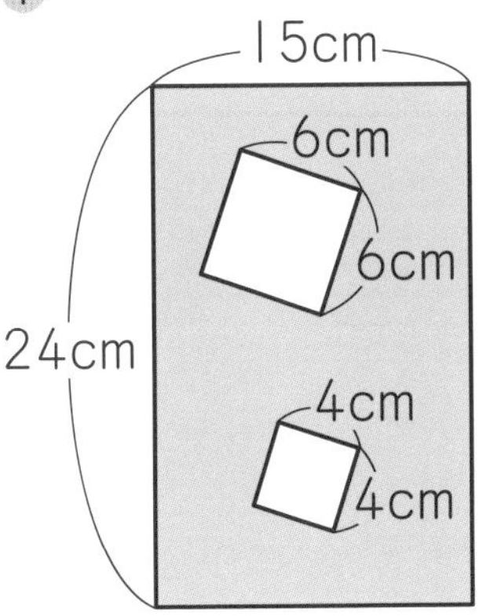


②

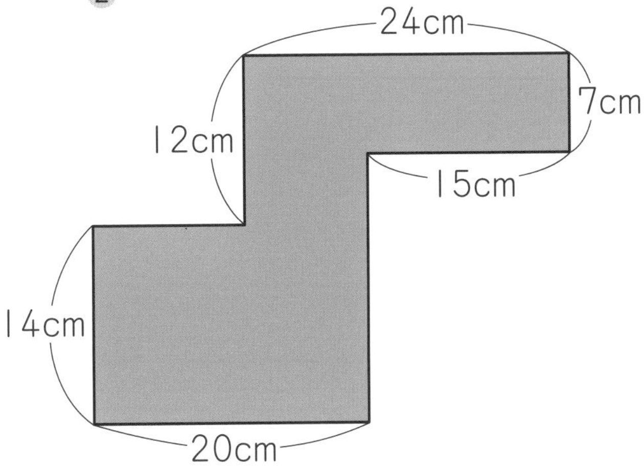

算数

# 3 かくにんテスト

学習日 月 日 得点 ／100点

**1** 次の計算をしなさい。(各《かく》４点)

① $7.19 + 4.86$

② $8.2 - 5.067$

**2** 次の計算をしなさい。ただし，③はわりきれるまで計算しなさい。(各５点)

①

$$\begin{array}{r} 7.6 \\ \times\ 12 \\ \hline \end{array}$$

②

$$\begin{array}{r} 0.59 \\ \times\ \ \ 73 \\ \hline \end{array}$$

③

$$16\overline{)108}$$

④

$$9\overline{)0.558}$$

**3** 下の絵はパラオとクウェートの国旗《こっき》です。

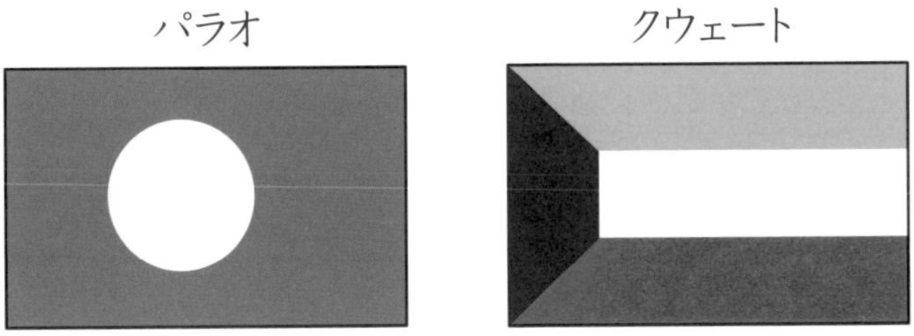


1　赤，青，黄，緑の４色の中から２色を使って，パラオと同じ形の旗《はた》を作ります。何通りの作り方がありますか。(８点)

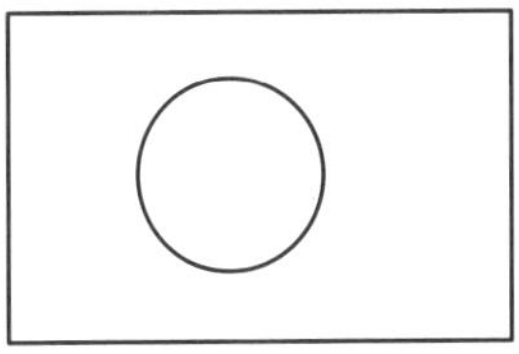

2　赤，青，黄，緑の４色すべてを使ってクウェートと同じ形の旗を作ります。何通りの作り方がありますか。(８点)

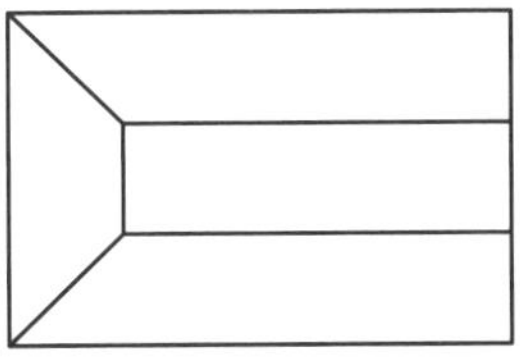

3　クウェートと同じ形の旗は，右の㋐と㋑の部分に同じ色を使うと３色を使ってぬり分けることができます。赤，青，黄，緑，黒の５色の中から３色を使って，となり合う部分にはちがう色をぬることにして同じ形の旗を作ると，何通りの作り方がありますか。(10点)

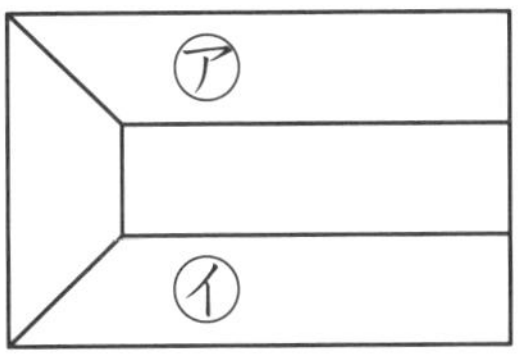

**4** 下の図で，長方形**アイウエ**の対角線**アウ**と直線**カオ**は平行です。図の中には，**ア**～**カ**の点を結《むす》んでできた三角形がいくつかあります。このうち，三角形**アイカ**と同じ面積《めんせき》の三角形を３つ答えなさい。(各《かく》４点)

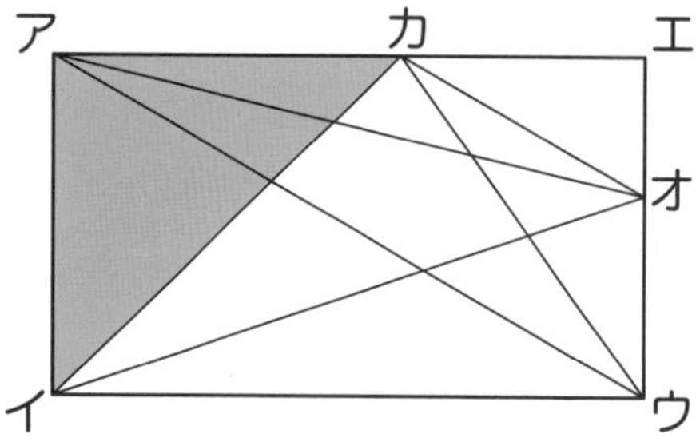


**5** 下の図の長方形**アイウエ**の対角線**アウ**の上に点**オ**があります。点**オ**を通って辺**アイ**に平行な直線**カキ**と辺**イウ**に平行な直線**クケ**をひくと，1《いっ》辺《ぺん》の長さが 8cm の正方形**クイキオ**ができました。(各６点)

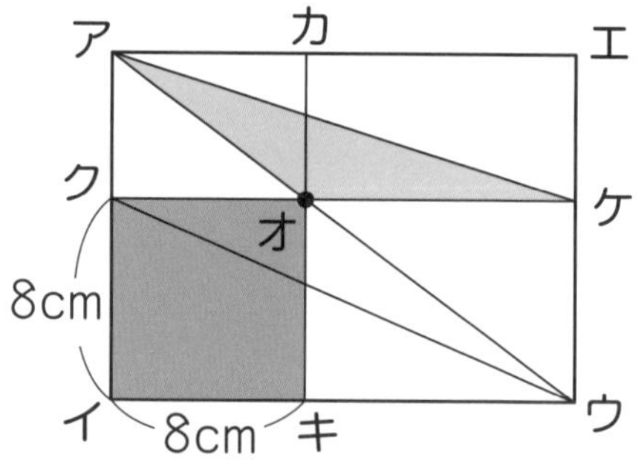


① 図の中には，**ア**～**ケ**の点を結んでできた三角形がいくつかあります。このうち，三角形**アオケ**と面積が同じ三角形を答えなさい。

② 三角形**アオケ**の面積は何 $cm^2$ ですか。

**6** 3月のある日，ゆうこさんの家に2ひきの子ねこ「トラオ」と「シマコ」がやってきました。4月から毎月1日に体重をはかり，トラオの体重を右のグラフにまとめました。

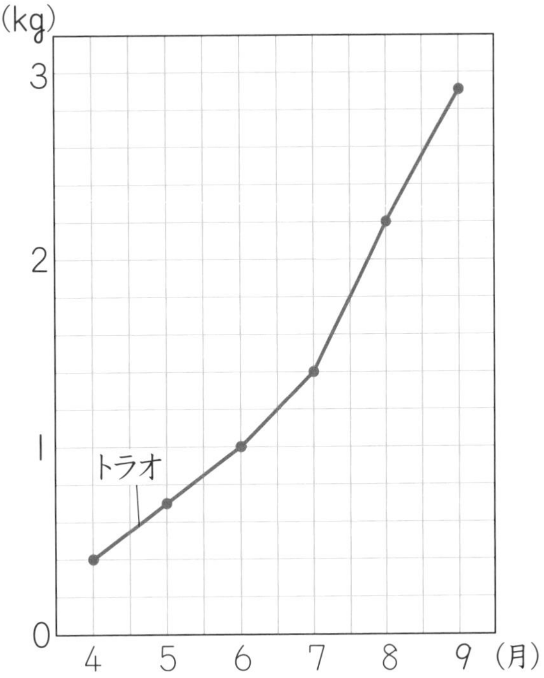


1 シマコの体重を下の表にまとめました。シマコの体重のグラフを上のグラフにかき入れなさい。(7点)

| 月 | 4月 | 5月 | 6月 | 7月 | 8月 | 9月 |
|---|---|---|---|---|---|---|
| 体重 (kg) | 0.2 | 0.4 | 0.9 | 1.3 | 2.2 | 2.8 |

2 ひと月の間で，トラオの体重がいちばんふえたのは何月と何月の間ですか。また，その間にトラオの体重は何gふえましたか。(各4点)

何月と何月の間

ふえた体重

3 トラオとシマコの体重のふえ方が同じだったのは何月と何月の間ですか。(7点)

算数

# 4 かくにんテスト

学習日　月　日　得点　／100点

## 1 次の計算をしなさい。(各《かく》5点)

① $4\frac{5}{7}+5\frac{2}{7}$

② $6\frac{3}{8}-2\frac{5}{8}-1\frac{7}{8}$

③ $10-3\frac{2}{9}+1\frac{7}{9}$

④ $7\frac{4}{13}-4\frac{8}{13}+2\frac{7}{13}-3\frac{11}{13}$

## 2 次の□にあてはまる数を書き入れなさい。(各4点)

① $\frac{5}{11}+\square=\frac{9}{11}$

② $\frac{14}{17}-\square+\frac{6}{17}=\frac{15}{17}$

**3** ゆずきさんとりなさんが誕生《たんじょう》日《び》を当てるマジックについて話しています。

ゆずき「りなさんの誕生日を当ててみせるよ。話をする通りに計算して
　　　　みてね。」
りな　「うん。」
ゆずき「あなたの生まれた月に2をかけます。」
　　　「その数に5をたします。」
　　　「その答えに50をかけます。」
　　　「その答えに生まれた日をたします。」
　　　「その答えから250をひきます。」
りな　「あっ！　250をひいたら，自分の誕生日の数が出てきた！」
ゆずき「どうだい？　このマジックを使うと，だれの誕生日でも当てる
　　　　ことができるんだよ。」

このマジックの種《たね》明かしを考えます。生まれた月を○，生まれた日を△として，次の□にあてはまる数を書き入れなさい。同じ番号の□には同じ数が入ります。（①～④各6点）

生まれた月に2をかけた数を○を使った式で表すと，○×［①　　］
となります。

その数に5をたした数は，

○×［①　　］＋［②　　］

その答えに50をかけた数は

（○×［①　　］＋［②　　］）×50＝○×［③　　］＋［④　　］

その答えに生まれた日をたすと，

○×［③　　］＋［④　　］＋△

その答えから250をひくと，

○×［③　　］＋［④　　］＋△－250

＝○×［③　　］＋△

千の位《くらい》と百の位に生まれた月の数の○が，十の位と一の位に生まれた日の数の△が出てきました。

**4** 図１のように立方体の展開《てんかい》図《ず》にアルファベット「A」「B」「C」「D」「E」「F」を書き入れました。

図１

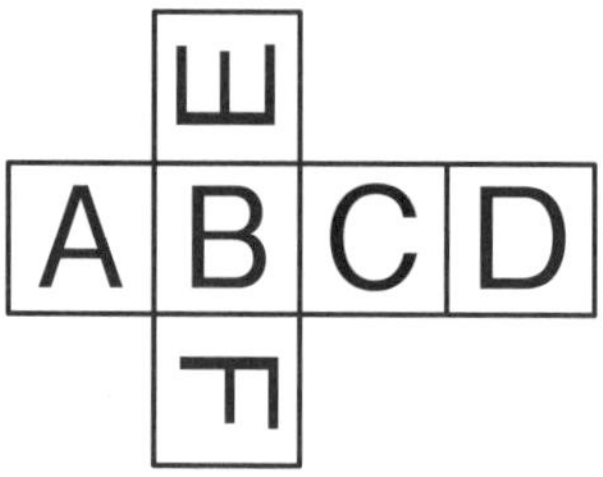


① 図１の展開図を組み立ててつくえの上に置《お》きました。例《れい》のように，図２と図３のあいている面に，文字の向きに注意して書かれている文字を書き入れなさい。(各《かく》５点)

例

図２

図３

② 下の展開図を組み立てると，図１の展開図を組み立てた立方体と同じになります。図４と図５のあいている面に，文字の向きに注意して書かれている文字を書き入れなさい。(面１つ２点・合計１６点)

図４

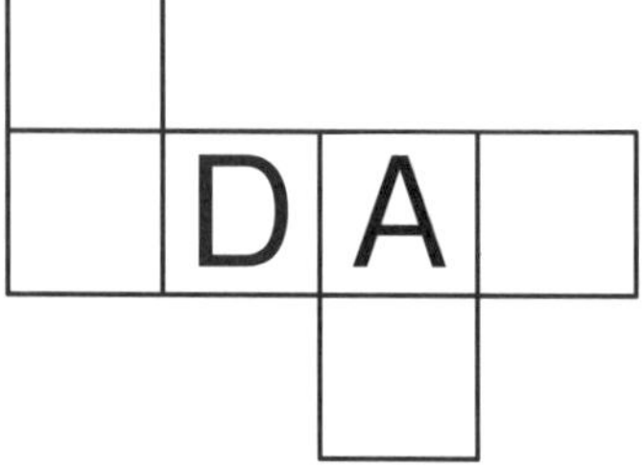


図５

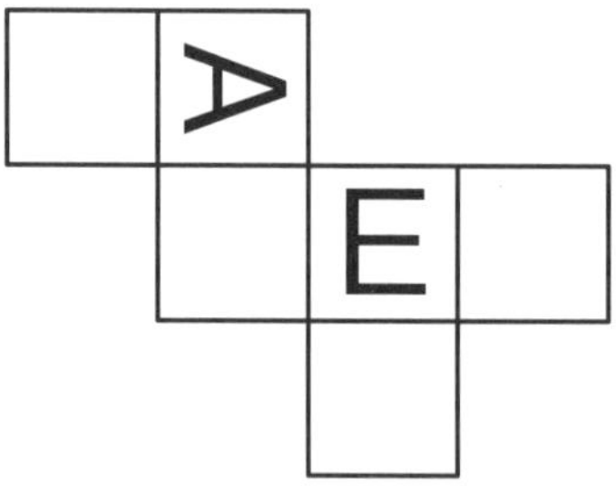

**5** げきの発表会で，会場に長いすがならんでいます。お客さんが前の長いすから順《じゅん》にすわっていきます。1つの長いすに9人ずつすわると，17人がすわれません。そこで，1つの長いすに12人ずつすわることにすると，全員がすわって，4人分のあいている席《せき》ができました。このことを面積《めんせき》を使って表すと，下の図のようになります。お客さんの人数は，太線 ━━━ でかこまれた図形の面積で表されています。

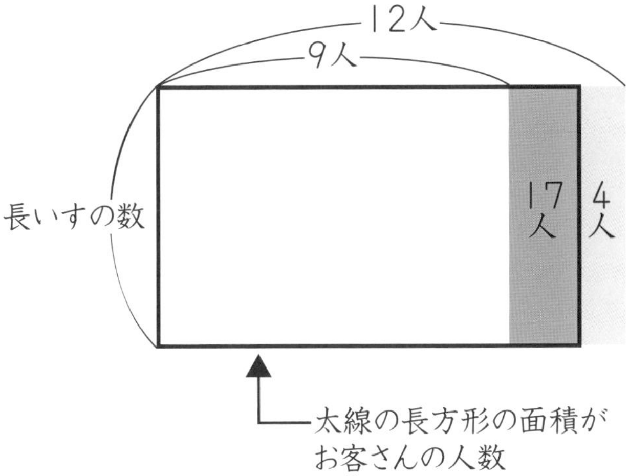


1 長いすは何きゃくありますか。(12点)

2 お客さんは何人ですか。(10点)

算数

# 5 かくにんテスト

学習日　　月　　日　得点　　／100点

**1**　次の数を四捨五入《ししゃごにゅう》して，(　　　)の中のようながい数にしなさい。
(各《かく》6点)

① 62748（百の位《くらい》までのがい数）

② 49527（上から2けたのがい数）

**2**　ある遊園地のある日の入園者数を四捨五入して百の位までのがい数で表すと，大人は3900人，子どもは5700人でした。

① この日の入園者数の合計は約《やく》何千何百人ですか。(6点)

② この日の実際《じっさい》の入園者数の合計は，いちばん多い場合で何人で，いちばん少ない場合で何人ですか。(各5点)

いちばん多い場合

いちばん少ない場合

おうちのかたといっしょにおよみください

Z-KAI

# Z会プログラミングシリーズ

多彩な
ラインナップ

自宅でできて
安心・安全
通信教育

初心者に
やさしい

小学生・中学生向け

プログラミングの技術は日進月歩。
「いま役に立つ技術」はこの先、未来の社会でも
役に立つものかどうかわかりません。

だからこそ、Z会プログラミングシリーズでは、
プログラミングの技術そのものを学ぶだけではなく、
その経験をとおして、知識を活用することを重視します。

プログラミングをベースとした学びにより、
子どもたちが将来、どんな状況や環境にあっても、
柔軟に対応できる力を育てていきます。

充実の講座ラインナップは中面で

22TP35

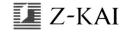

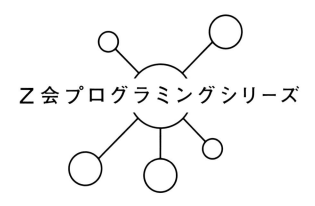

## 講座ラインナップ

# Z会プログラミングはじめてみる講座

3カ月講座

1カ月あたりの受講料 1,980円（税込）

**推奨学年** 小1～小3

## プログラミングに ふれる·慣れる　プログラミングで 遊ぶ·楽しむ

「プログラミングってどんなもの？」「ちょっと試してみたい」そんな声にお応えして開講した**3カ月間の短期講座。**
多くの小学校で導入されている「Scratch《スクラッチ》」アプリを使い、初めてのお子さまでも一人で気軽に始められる教材、おためし感覚で手軽に受講できる価格、そしてどんどん夢中になってプログラミングの楽しさを体感できるカリキュラムを実現しました。**パソコンまたはタブレットがあればすぐにスタート**できます。

※教材·画面の内容は変わる可能性があります。

お子さま一人でも、または保護者の方もご一緒に
プログラミングの楽しさを実感できる！

詳しくは

### この講座でできること

- ☑「プログラミングってこういうものなんだ！」と体感できます。
- ☑ 抵抗感なく、プログラミングをごく自然に扱えるようになります。
- ☑ プログラミングできる楽しさを知り、自信と意欲につながります。

### こんな方におすすめ

- ☑ 小1～小3のお子さま
- ☑ プログラミング学習を始めるべきか迷っている
- ☑ お子さまが興味をもってくれるかわからない
- ☑ お子さまが一人でできるか心配
- ☑ あまり費用をかけずに手軽に始めたい

## Z会プログラミング講座 みらい
with ソニー・グローバルエデュケーション

推奨学年 小1～小4 ［スタンダード1］

### 今も将来にも役立つ
### 一生ものの力を養います

Z会とソニー・グローバルエデュケーションが協業。オリジナルテキストとロボット・プログラミング学習キット「KOOV《クーブ》®」で学び、小学生に必要なプログラミングの力をしっかりと身につけながら、プログラミングと学校で学んだ知識を使ってさまざまな課題解決に挑戦します。

※修了後、スタンダード2（小2～小5推奨）、スタンダード3（小3～小6推奨）のご用意もございます。

## Z会プログラミング講座
with LEGO® Education

推奨学年 小2～小5 ［SPIKE™ベーシック編］

推奨学年 小3～小6 ［標準編］

### 工学的なモノづくりに
### 役立つ力を育みます

Z会の学習ノウハウとレゴ社のロボット教材を融合し、プログラミングスキルだけでなくモノを動かす仕組みも習得。レゴ®ブロックによる精緻なロボットの組み立てをとおして、工学につながる知識や感覚も養います。

［SPIKE™ベーシック編］

## Z会プログラミング講座 with Scratch

推奨学年 小1～小6 ※小学1・2年生のお子さまは、保護者の方といっしょに取り組むことをおすすめします。

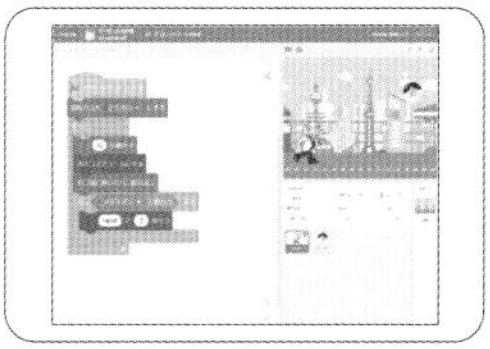

### 自宅で気軽にゲームやアニメーションをプログラム！

「Scratch《スクラッチ》」というツールを使い、物語・ゲーム・アニメーションなどを画面上で自由につくり、創造性と課題発見・解決力を養います。

3カ月
講座

## Z会プログラミング中学技術活用力講座

**推奨学年** 小学校高学年～中3　［教科実践編］

# 3カ月の差が、将来の大きなアドバンテージに

Z会とソニー・グローバルエデュケーションが協業し、Z会オリジナルテキストとバーチャル空間でのプログラミングを融合。「知識+実践」という構成で、コンピュータや情報ネットワークの仕組み、リテラシーなど、今、学んでおくべきことをしっかりと身につけることができます。これからの時代に誰にとっても必要となる情報活用能力を身につけられる、今までにない新しい学びをお届けします。

**中学で身につけるべき**
**技術情報分野を徹底網羅**

Z会オリジナルテキスト
『技術活用力ワーク』

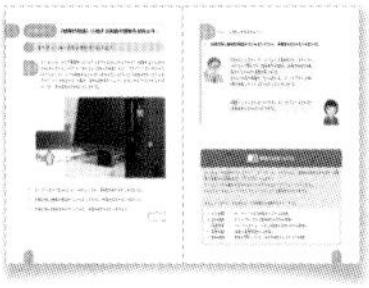

×

**操作は簡単**
**できることは無限大**

プログラミングアプリ
「VIRTUAL《バーチャル》 KOOV《クーブ》®」

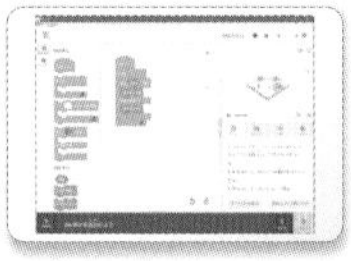

※「VIRTUAL KOOV®」はWindows、Mac、iPadに対応しています。

＼まずはお気軽に／

―無料―

**資料をご請求ください**

### プログラミング学習を始めるなら、好奇心いっぱいで物事に挑戦できる、小学校の早い段階からがおすすめです。

「国語や算数さえやっておけば」「まだ様子見でいいかな…」「毎日なにかと忙しくて…」と保護者の方が先延ばしにしてしまうことは、お子さまの可能性の芽をつんでしまうことになるかもしれません。Z会プログラミングシリーズは、自宅で、楽しく手軽に取り組める講座です。ぜひこの機会にご入会をご検討ください！　※デザイン・仕様は変更する場合があります。

請求は
Web
から

Z会　プログラミングシリーズ　検索

https://www.zkai.co.jp/z-programming/

お申し込みもWebからできます！

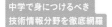

**3** まさきさんのお兄さんは毎日電車に乗って高校に通っています。電車には4けたの番号が書かれていて，お兄さんはその数字を使ってパズルをするそうです。

**パズルのきまり**

㋐ 「+」「−」「×」「÷」やかっこを使って，計算した答えが整数になる式を作る。

㋑ 番号の4つの数字は別《べつ》の数として使う。となりの数とつないで2けたや3けたの数にしない。

㋒ 番号の4つの数字の順《じゅん》は，入れかえない。

今日の朝乗った電車の番号は「6421」でした。

まさきさんのお兄さんは答えが1，2，3になる式を立てました。

$6-4-2+1=1$　　$(6-4)\div 2+1=2$

$6-4+2-1=3$

お兄さんは15才なので，答えが15になる式も立ててみました。

$6+4\times 2+1=15$

まさきさんが昨日《きのう》乗った電車の番号は「8623」でした。番号の4つの数字を使って，このパズルにちょうせんしましょう。

**1** 計算した答えが1になる式を立てなさい。(6点)

**2** 計算した答えが10になる式を立てなさい。(8点)

**3** 特別《とくべつ》ルールです。「+」「−」「×」を1回ずつ使って，計算した答えの数がいちばん大きい数になる式を立てなさい。かっこを使ってもかまいません。(8点)

**4** 同じ大きさの立方体を図１のように３段《だん》に積《つ》み上げて作った立体を，前と左の２つの方向から見たときの図は図２，図３のようになります。

図１

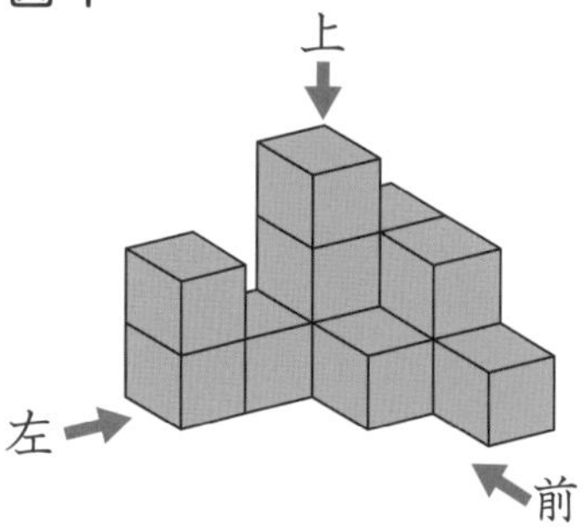


図２

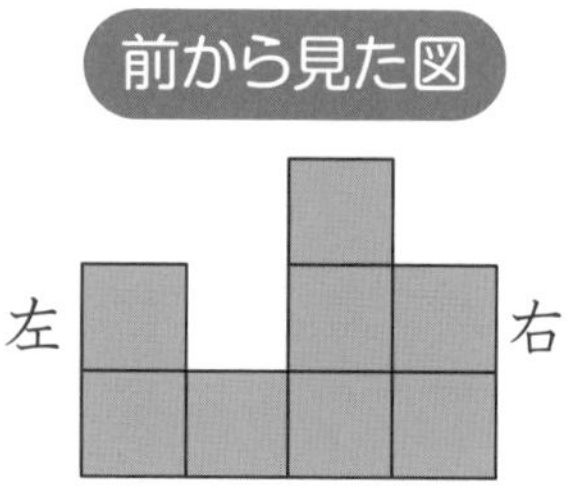


図３

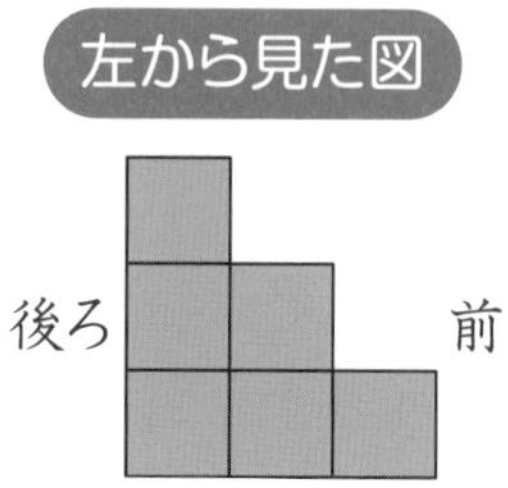


① この立体を上から見るとどのように見えますか。下の図で，立方体が置《お》かれている場所に○をつけなさい。(６点)

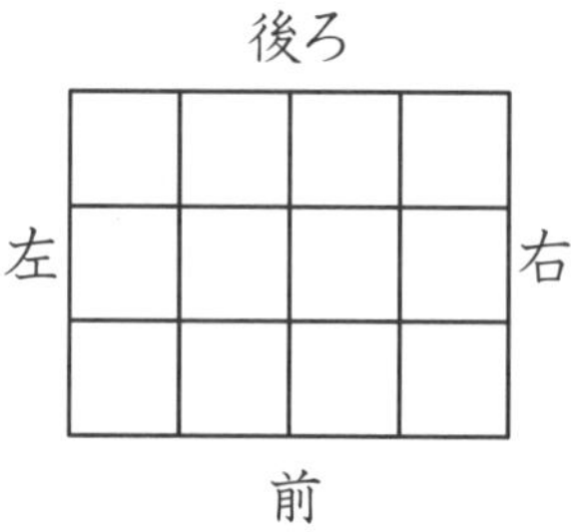


② 前と左の２つの方向から見たときに図２，図３のように見える立体はほかにもあります。その中で，立方体の数がいちばん多い場合に，下段《げだん》（下から１段目），中段《ちゅうだん》（下から２段目），上段《じょうだん》（下から３段目）それぞれについて，立方体を置くことができる場所に○をつけなさい。(各《かく》６点)

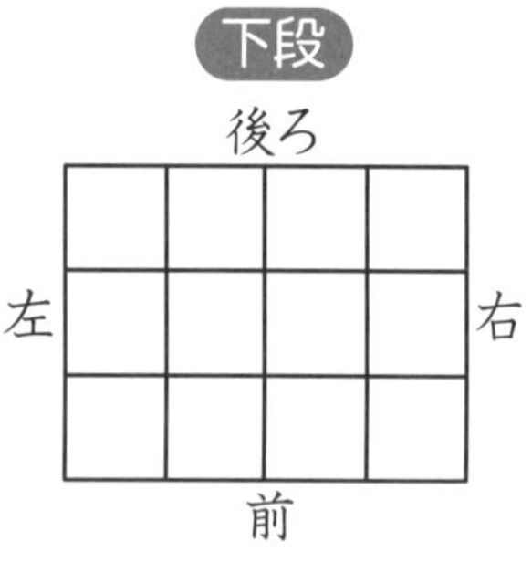


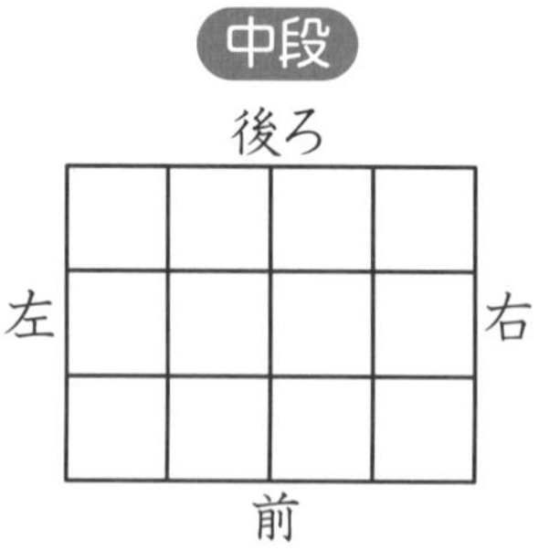


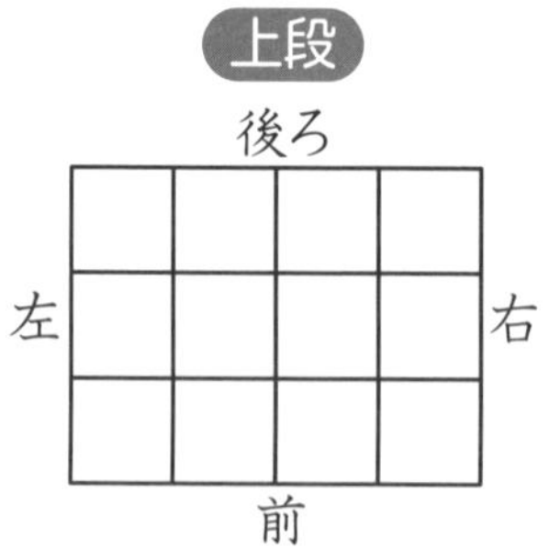

**5** おはじきが28こあります。まゆさんとだいとさんが順番《じゅんばん》におはじきを取っていきます。おはじきを取る数は1こ，2こ，3こ，4この中から好《す》きなこ数を選《えら》ぶことができ，おはじきを最後《さいご》に取った人を勝ちとします。

1 まゆさん，だいとさんの順でおはじきを取っていきます。最初《さいしょ》にまゆさんが1こ取り，その後だいとさんが3こ，まゆさんが4こ，だいとさんが4こ，まゆさんが3こ，だいとさんが4この順におはじきを取りました。次にまゆさんがある数のおはじきを取ると，まゆさんは必《かなら》ず勝つことができます。このとき，まゆさんはおはじきを何こ取ればよいですか。

（8点）

2 1回目の勝負でまゆさんが勝ちました。2回目はだいとさん，まゆさんの順で28このおはじきを同じルールで取っていきます。だいとさんは最初にある数のおはじきを取ると，必ず自分が勝てることに気がつきました。だいとさんは最初におはじきを何こ取れば必ず勝てますか。（8点）

3 だいとさんが気がついた必勝法《ひっしょうほう》を説明《せつめい》しなさい。（10点）

理科

# 1 かくにんテスト

学習日　　月　　日　　得点　　／100点

**1**　次の写真は，ヒョウタンの1年間のようすです。ヒョウタンやほかの植物の1年間について，あとの問いに答えなさい。(各《かく》6点)

(あ)

(い)

(う)

(え)

1　(あ)～(え)を春→夏→秋→冬の順《じゅん》にならべかえ，記号を書きなさい。

　　→　　→　　→

2　ヒョウタンのように，つるをのばしながら成長《せいちょう》する植物を，次の**ア**～**エ**の中から1つ選《えら》び，記号を書きなさい。

**ア**　アブラナ　　**イ**　イチョウ

**ウ**　キク　　**エ**　ヘチマ

3　ヒョウタンの花をよく観察《かんさつ》すると，次の**ア**・**イ**の2種類《しゅるい》の花があり，一方にだけ実がなることがわかりました。実がなるほうの花はどちらですか。**ア**・**イ**のどちらかを選び，記号を書きなさい。

**ア**

**イ**

4　ヒョウタンはたねで冬をこしますが，えだに芽《め》をつけて冬をこすサクラのような植物もあります。冬のサクラの芽として正しいものを，次の**ア**～**ウ**の中から1つ選び，記号を書きなさい。

**ア**

**イ**
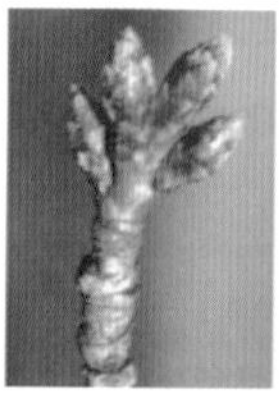
**ウ**

**2** オオカマキリやほかのこん虫について，あとの問いに答えなさい。

（各６点）

1　こん虫には，オオカマキリのようによう虫と成虫《せいちゅう》ですがたがにているものと，すがたがまったくちがうものがいます。よう虫と成虫ですがたがまったくちがうこん虫を，次の**ア**～**ウ**の中から１つ選び，記号を書きなさい。

**ア**　トノサマバッタ　　**イ**　オニヤンマ

**ウ**　コオロギ

2　オオカマキリは，食べ物をどのように食べますか。次の**ア**～**エ**の中から１つ選び，記号を書きなさい。

**ア**　木のしるをすう。

**イ**　花のみつや果物《くだもの》をなめる。

**ウ**　小さな虫のからだをかみちぎる。

**エ**　うすい葉をかみきる。

3　オオカマキリのようにさなぎにならないこん虫を，次の**ア**～**エ**の中から１つ選び，記号を書きなさい。

**ア**　カブトムシ　　**イ**　アゲハ

**ウ**　ナナホシテントウ　　**エ**　エンマコオロギ

4　こん虫の冬ごしのしかたとして正しいものを，次の**ア**～**エ**の中から１つ選び，記号を書きなさい。

**ア**　カブトムシは，成虫のすがたで冬をこす。

**イ**　アブラゼミは，よう虫のすがたで土の中で冬をこす。

**ウ**　オオカマキリは、成虫のすがたで冬をこす。

**エ**　ナナホシテントウは，よう虫のすがたで冬をこす。

**3** 空気や水の体積《たいせき》の変化《へんか》のようすについて，あとの問いに答えなさい。

図１

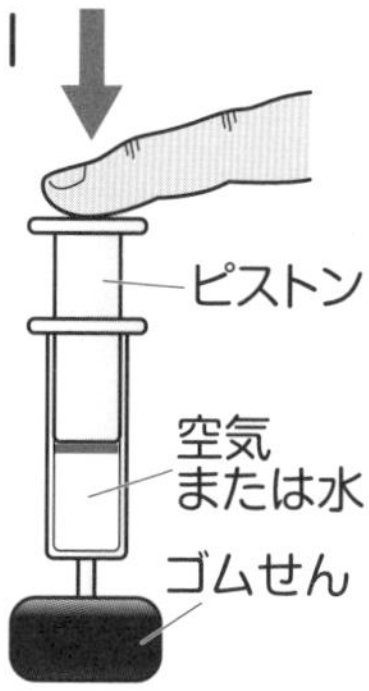


1　図１のように，注射器《ちゅうしゃき》に空気を入れたあと，ピストンを指でおして空気の体積の変化を調べました。次に空気のかわりに水を入れて同じように調べました。それぞれの体積の変化として正しいものを，次の**ア**～**エ**の中から１つ選び，記号を書きなさい。(6点)

**ア**　空気の体積は小さくなったが，水の体積はかわらなかった。
**イ**　水の体積は小さくなったが，空気の体積はかわらなかった。
**ウ**　空気の体積も水の体積も，小さくなった。
**エ**　空気の体積も水の体積も，かわらなかった。

2　空気でっぽうは，とじこめた空気のせいしつを利用《りよう》したおもちゃです。図２は空気でっぽうのつくりを表しています。空気でっぽうに，空気を入れた場合と水を入れた場合の，玉がとび出すようすはそれぞれどうなりますか。次の**ア**・**イ**のどちらかを選び，記号を書きなさい。(各《かく》4点)

図２

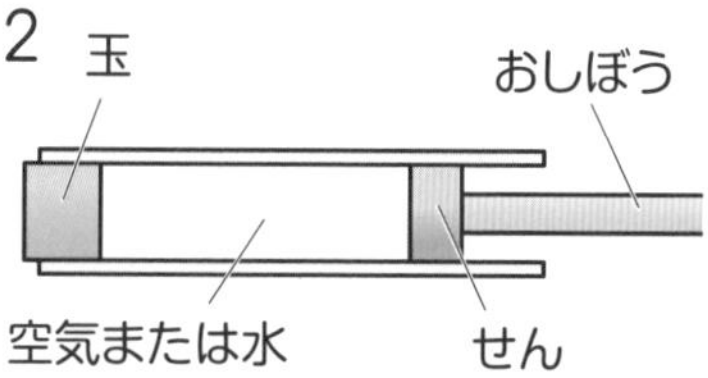


**ア**　とび出さず下に落ちる。
**イ**　いきおいよくとび出す。

空気　　　水

3　2の玉のとび方のちがいは，空気と水のどのようなちがいによっておこると考えられますか。かんたんに書きなさい。(10点)

4　自転車のタイヤは，とじこめた空気のあるせいしつを利用したものです。自転車のタイヤと同じ空気のせいしつを利用したものを，次の**ア**～**ウ**の中から１つ選び，記号を書きなさい。(6点)

**ア**　熱気球《ねつききゅう》　**イ**　バレーボール　**ウ**　リコーダー

**4** 東京《とうきょう》に住んでいるつかささんは，福岡《ふくおか》，大阪《おおさか》，東京の３つの地点の天気を調べて，２日間の天気を表にまとめました。また，グラフは，３つの地点の４月22日の気温の変化《へんか》を１つのグラフに表したものです。あとの問いに答えなさい。

| 地点 | 午前11時～午後1時の天気 | |
|---|---|---|
| | 4／22 | 4／23 |
| 福岡 | 晴れ | 晴れ |
| 大阪 | 雨 | 晴れ |
| 東京 | くもり | 雨 |

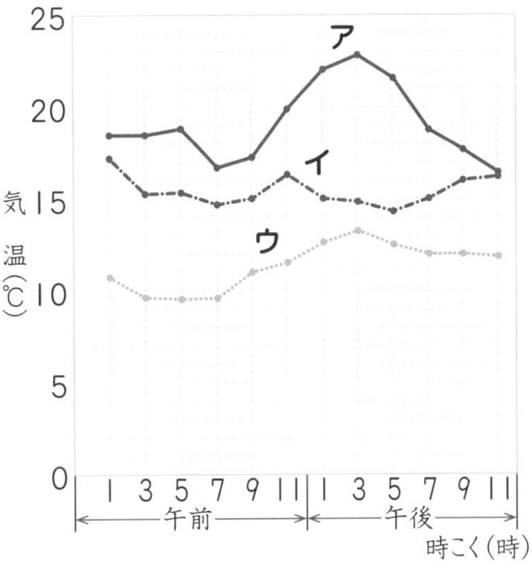


1　グラフ中の３つの地点のうち，最低気温《さいていきおん》と最高気《さいこうき》温《おん》の差《さ》がいちばん大きいのはどの地点ですか。**ア**～**ウ**の中から１つ選び，記号を書きなさい。(6点)

2　グラフ中の**ア**の地点は，どの地点の気温の変化を表していると考えられますか。福岡，大阪，東京のうちのいずれかを書きなさい。(6点)

3　つかささんが，表を見ながら先生と話しています。次の文のⓐ・ⓘにあてはまることばを，下の**ア**～**エ**の中からそれぞれ１つずつ選び，記号を書きなさい。(各5点)

先生　：24日の東京の天気は，晴れになりそうだね。
つかさ：どうしてわかるのですか？
先生　：日本の上空には，偏西風《へんせいふう》とよばれる風が西から東に向かってふいているよ。その風が雲を運ぶから，天気は（ ⓐ ）から（ ⓘ ）へうつりかわることが多いんだ。

**ア** 東　　**イ** 西
**ウ** 北　　**エ** 南

ⓐ　ⓘ

理科

# 2 かくにんテスト

学習日 月 日　得点 ／100点

**1** 図１は，ヒトがうでをのばしているときのほねときん肉のようすを表したものです。あとの問いに答えなさい。

図１

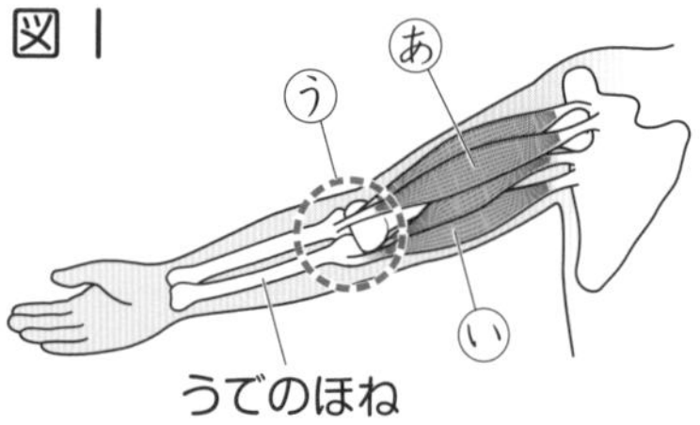


１　うでをのばしているじょうたいから曲げるとき，**図１**の(あ)と(い)のきん肉はどうなりますか。次の**ア〜エ**の中から１つ選《えら》び，記号を書きなさい。(5点)

**ア**　(あ)のきん肉はちぢみ，(い)のきん肉はゆるむ。
**イ**　(あ)のきん肉はゆるみ，(い)のきん肉はちぢむ。
**ウ**　(あ)のきん肉も(い)のきん肉もちぢむ。
**エ**　(あ)のきん肉も(い)のきん肉もゆるむ。

２　図１の(う)の部分のような，ほねとほねのつなぎ目になっている所を何といいますか。名前を漢字２字で書きなさい。(5点)

３　ほねには，からだをささえるというはたらき以外《いがい》にも大切なはたらきがあります。それはどのようなはたらきですか。かんたんに書きなさい。

(10点)

４　図２はある動物のほねを表しています。何の動物ですか。次の**ア〜エ**の中から１つ選び，記号を書きなさい。(6点)

図２

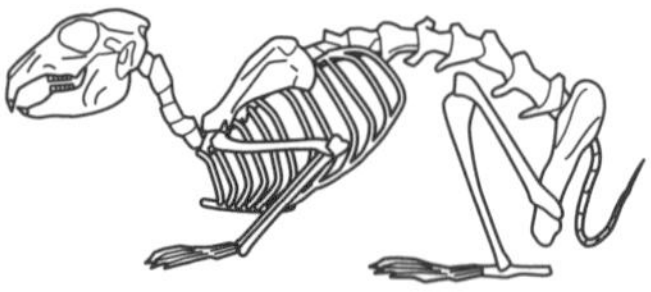

**ア**　ハト　**イ**　トカゲ
**ウ**　ウマ　**エ**　ウサギ

**2**　ななみさんは，図１のような実験《じっけん》そう置《ち》で水を熱《ねっ》し，水の温度を３分ごとに記録《きろく》しました。図２はその結果《けっか》を表したグラフの一部です。あとの問いに答えなさい。

図１

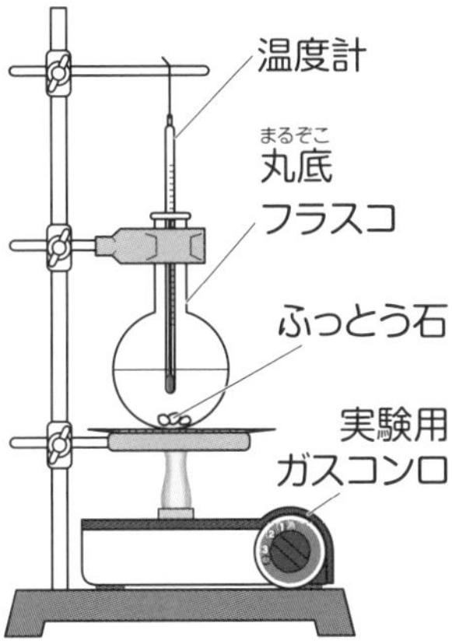


図２

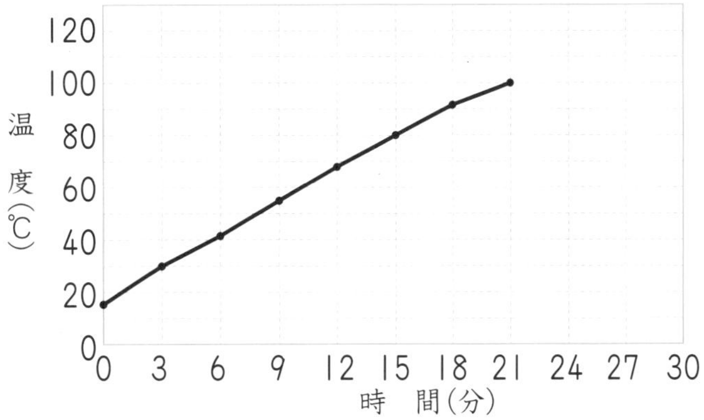


１　図１で，ふっとう石を入れる理由をかんたんに書きなさい。(８点)

２　21分たったときに，底のほうから大きなあわがさかんに出てくるのが見えました。この大きなあわは何ですか。名前を書きなさい。(６点)

３　熱し始めてからしばらくたつと，図３のように，丸底フラスコの口のあたりに白いけむりのようなものが見えました。この白いものを何といいますか。名前を書きなさい。(６点)

図３

４　このまま熱し続《つづ》けたとき，24分後，27分後，30分後の温度はどう変化《へんか》しますか。温度変化を図２のグラフに書き入れなさい。ただし，30分後の時点でフラスコの中に水は残っているものとします。(６点)

**3**　あいりさんとさとしさんは，豆電球とかん電池をいくつかつないで，図1のような①～⑤の回路をつくり，豆電球の明るさをくらべました。あとの問いに答えなさい。なお，豆電球とかん電池は同じ種類《しゅるい》の新しいものを使っているものとします。(各《かく》8点)

図1

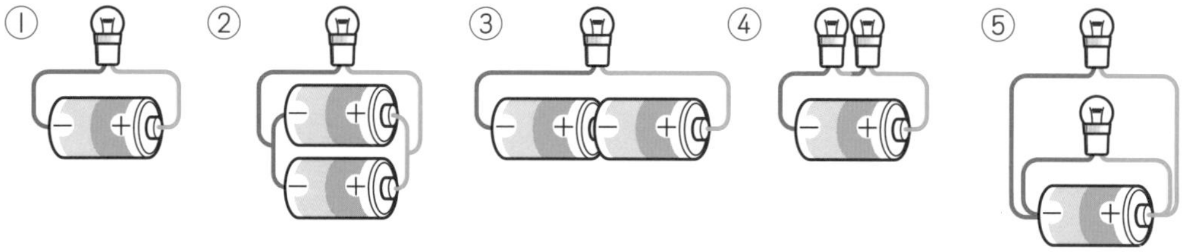


1　④の回路のような豆電球のつなぎ方を何といいますか。書きなさい。

2　①～③の中で，最《もっと》も豆電球が明るく光っている回路を1つ選《えら》び，記号を書きなさい。

3　④と⑤の回路のうち，1つの豆電球をソケットからはずしても，残《のこ》りのもう1つの豆電球が光っているのはどちらですか。記号を書きなさい。

4　図2は，②の回路を記号を使って表したものです。⑤の回路を図2の記号を参考《さんこう》にしてかきなさい。

図2

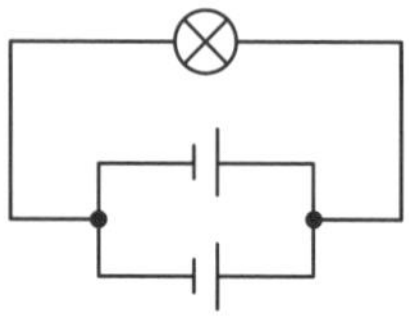

5　あいりさんは，図3のように，あ～えの位置《いち》に4本の鉄のネジをさした板に，かん電池1こと豆電球1こを**ア**～**エ**のいずれかのようにつなぎました。これにどう線をもう1本つなぐと，【結果《けっか》】のようになりました。あいりさんは最初《さいしょ》にかん電池と豆電球をどのようにつなぎましたか。正しいものを，**ア**～**エ**の中から1つ選び，記号を書きなさい。

図3

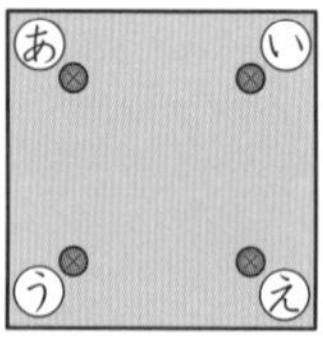

【結果】
・ⓐとⓤの間にどう線をつないでも，豆電球は光らなかった。
・ⓤとⓔの間にどう線をつないでも，豆電球は光らなかった。
・ⓘとⓤの間にどう線をつないでも，豆電球は光らなかった。
・ⓘとⓔの間にどう線をつなぐと，豆電球は光った。

ア
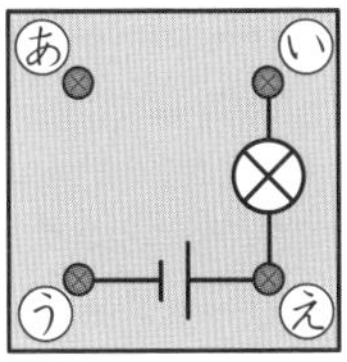

イ
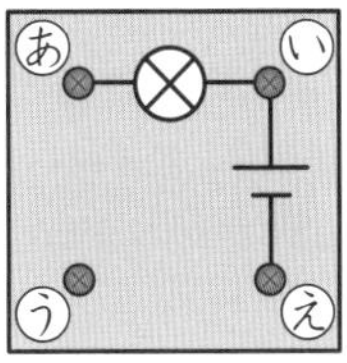

ウ
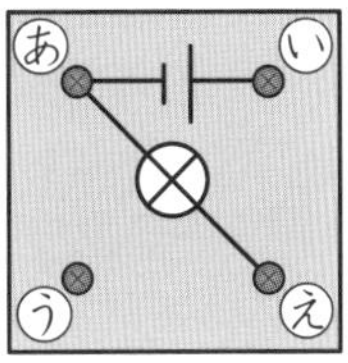

エ
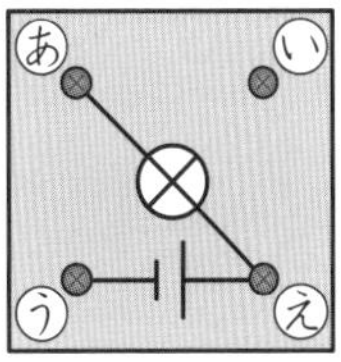


6　さとしさんは，図3の実験《じっけん》そう置《ち》にかん電池と豆電球A，どう線をそれぞれ1つずつ**ア〜エ**のいずれかのようにつなぎました。これにもう1つ豆電球Bをつないだときの結果を，**表1**にまとめました。なお，**表2**は図1の④と⑤の豆電球の明るさについて，まとめたものです。さとしさんは最初にかん電池，豆電球A，どう線をどのようにつなぎましたか。正しいものを，**ア〜エ**の中から1つ選び，記号を書きなさい。

表1

| 豆電球Bをつなぐネジ | 豆電球Aの明るさ | 豆電球Bの明るさ |
|---|---|---|
| ⓐとⓘ | × | ○ |
| ⓐとⓤ | × | × |
| ⓘとⓔ | × | × |
| ⓤとⓔ | △ | △ |
| ⓐとⓔ | × | ○ |
| ⓘとⓤ | △ | △ |

○：豆電球が図1の①と同じくらいの明るさに光った
△：豆電球が図1の①より暗く光った
×：豆電球が光らなかった

表2

| | |
|---|---|
| ④の回路 | 豆電球は①より暗く光った。 |
| ⑤の回路 | 豆電球は①と同じくらいの明るさに光った。 |

ア
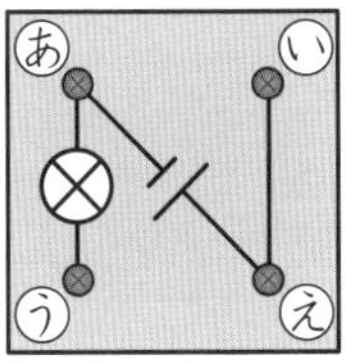

イ
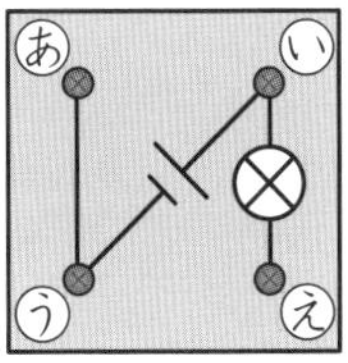

ウ
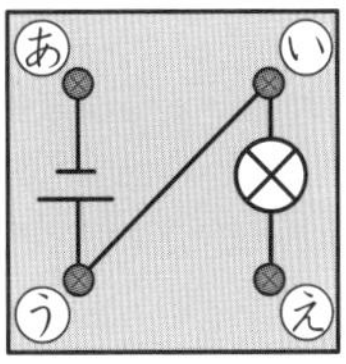

エ
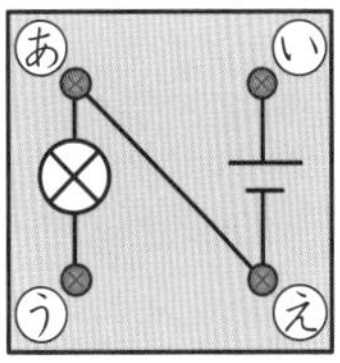

理科

# 3 かくにんテスト

学習日　月　日　得点　／100点

**1** 図１は，冬のある日の午後８時の真《ま》南《みなみ》の空のようすを表したものです。あとの問いに答えなさい。

図１

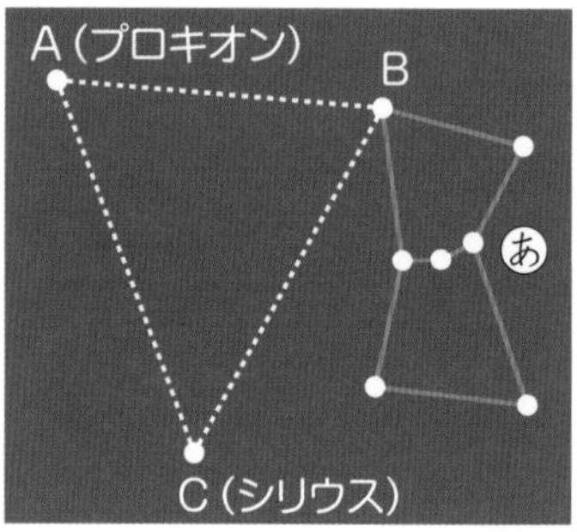


１　図１のあの星《せい》座《ざ》を何といいますか。名前を書きなさい。（6点）

２　図１のＢの星の名前を，次の**ア**～**エ**の中から１つ選《えら》び，記号を書きなさい。（6点）

**ア**　デネブ　　**イ**　ベテルギウス
**ウ**　リゲル　　**エ**　アルタイル

３　図１のＡ，Ｂ，Ｃの３つの星を結《むす》んでできる三角形を何といいますか。名前を書きなさい。（6点）

４　あの星座は，図２のように２時間に30°ずつ東から西に動きます。この星座が，東からのぼってきた時間は何時ごろだと考えられますか。次の**ア**～**エ**の中から１つ選び，記号を書きなさい。（8点）

図２

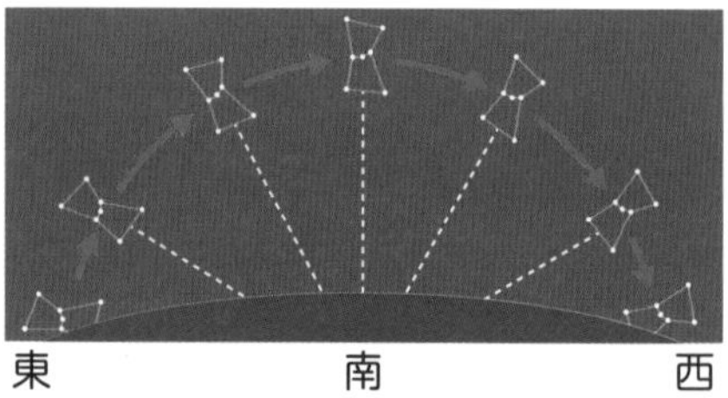


**ア**　午前２時　　**イ**　午前11時
**ウ**　午後２時　　**エ**　午後11時

**2** 次の文は，右の図の月を見たときの，りかさんとお母さんの会話です。あとの問いに答えなさい。

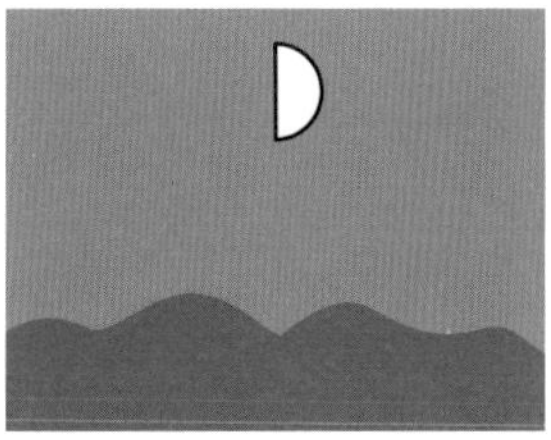

りか：「あの月が見えているのはどの方角かな。」

母　：「月の形とかたむきから考えてみると，

　　　あ の空よ。」

りか：「月の形とかたむきから方角もわかるんだね。そういえば，この前，三日月を見たよね。月の形ってどうしてかわるのかな。」

母　：「月は球の形をしていて，太陽の光が当たっている部分だけが光って見えるのよ。でも，地球と月の位置《いち》がかわるので，地球からは月の光って見える部分が少しずつかわっていくの。そのため，月の形が少しずつかわっていくように見えるのよ。」

1　あ にあてはまる方角を，次の**ア**～**エ**の中から１つ選び，記号を書きなさい。(6点)

**ア**　北　　　**イ**　南

**ウ**　南東　　**エ**　南西

2　図の月が地平線にしずむのは何時ごろですか。次の**ア**～**エ**の中から１つ選び，記号を書きなさい。(6点)

**ア**　正午ごろ　　　　**イ**　午前０時ごろ

**ウ**　午前６時ごろ　　**エ**　午後６時ごろ

3　りかさんたちが三日月を見たのは，およそ何日前ですか。次の**ア**～**エ**の中から１つ選び，記号を書きなさい。(6点)

**ア**　４日前　　**イ**　７日前

**ウ**　10日前　　**エ**　14日前

4　りかさんは，ある日の午後６時すぎに，東の地平線からのぼってくる月を見ました。りかさんが見た月の形をかきなさい。(8点)

**3**　温度によるものの体積《たいせき》の変化《へんか》を調べるために，実験《じっけん》1と実験2を行いました。あとの問いに答えなさい。

【実験1】試験管《しけんかん》に4℃の水を入れ，体積がわかるように水面の位置《いち》に印《しるし》をつけて重さをはかり，図1のように氷の入ったビーカーに入れました。そして，氷にこい食塩《しょくえん》水《すい》をかけて冷《ひ》やしました。

図1

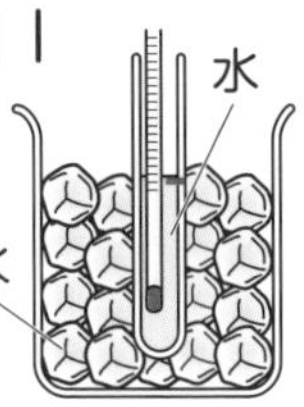


【実験2】図2のように，同じ量の空気を入れた注射器《ちゅうしゃき》あ～えを，空気の入った試験管につけました。そして，試験管の部分を氷，20℃の水，40℃の水，60℃の水の中にそれぞれ入れて，ピストンの止まった時の位置に印をつけました。

図2

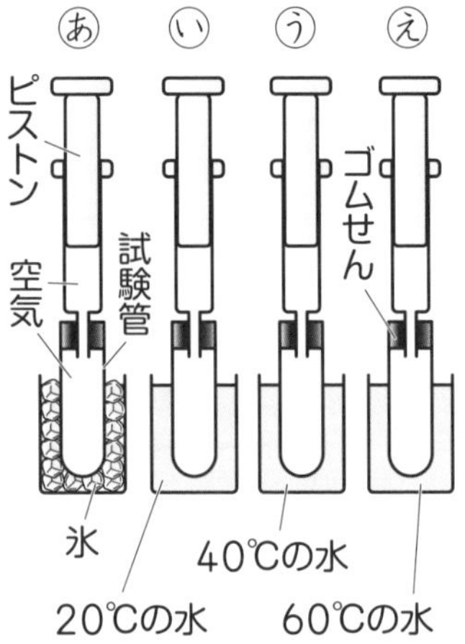


1　実験1で，試験管の中の水がすべて氷になったとき，水のときとくらべて，体積はどのようになるか書きなさい。(7点)

2　実験1で，試験管の中の水がすべて氷になったとき，水のときとくらべて，重さはどのようになりますか。次の**ア**～**ウ**の中から1つ選《えら》び，記号を書きなさい。(6点)

**ア**　重くなる　　**イ**　軽くなる　　**ウ**　かわらない

3　実験2で，あの注射器のピストンは，はじめの位置からどのように動きましたか。次の**ア**～**ウ**の中から1つ選び，記号を書きなさい。(6点)

**ア**　上がる　　**イ**　下がる　　**ウ**　かわらない

4　実験2で，ピストンが止まった位置の差《さ》がいちばん大きくなるのは，あ～えのうちどれとどれをくらべたときですか。(7点)

**4**　もののあたたまり方について，あとの問いに答えなさい。

1　ビーカーの中に水を入れ，実験用《じっけんよう》ガスコンロで熱《ねつ》を加《くわ》えたときの水の動きを，次の**ア**～**エ**の中から１つ選び，記号を書きなさい。(6点)

**ア**　**イ**　**ウ**　**エ**

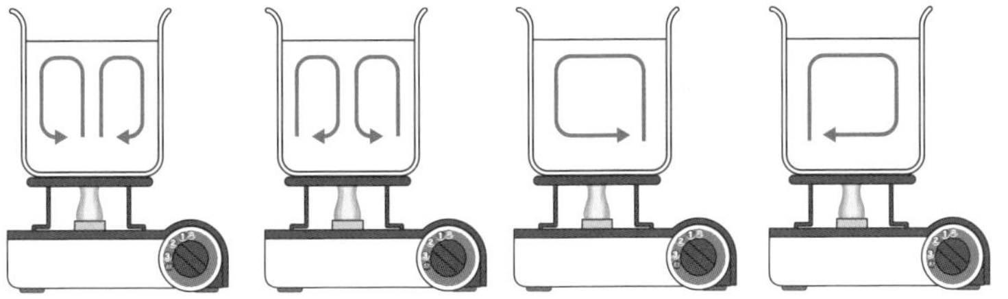

2　右の図のように，同じあつさの木の板と金ぞくの板をビーカーの下に置《お》いてから，２まいの板全体を実験用ホットプレートでゆっくりあたためたときの水の動きを，次の**ア**～**エ**の中から１つ選び，記号を書きなさい。(6点)

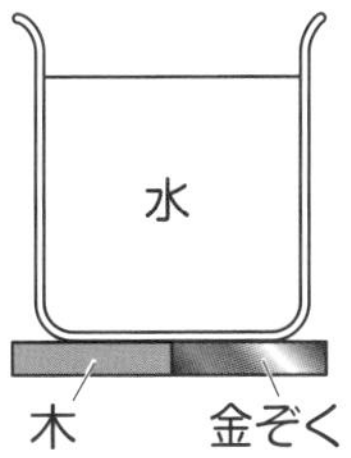


**ア**　**イ**　**ウ**　**エ**

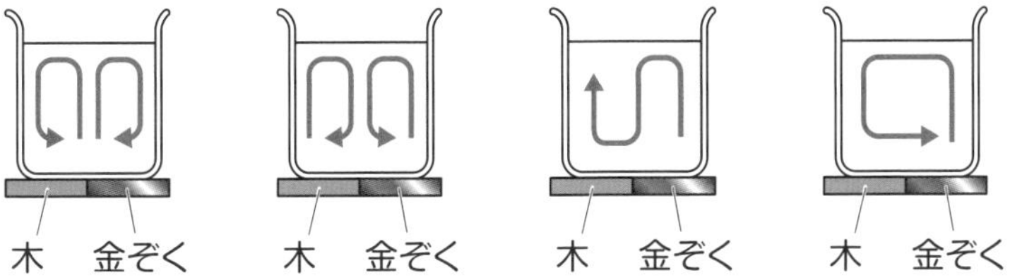


3　エアコンをつけて部屋をあたためるときは，ふき出し口を下向きにすると部屋全体があたたまりやすくなります。これは空気のどのようなせいしつによるものですか。かんたんに書きなさい。(10点)

# かくにんテスト

学習日　　月　　日　　得点　　／100点

**1**　りくさんは近畿地方《きんきちほう》について調べていて，**地図Ⅰ**からわかったことをまとめました。①～⑧にあてはまる言葉や数字をそれぞれ書きなさい。

（各５点）

**地図Ⅰ　近畿地方の地図**

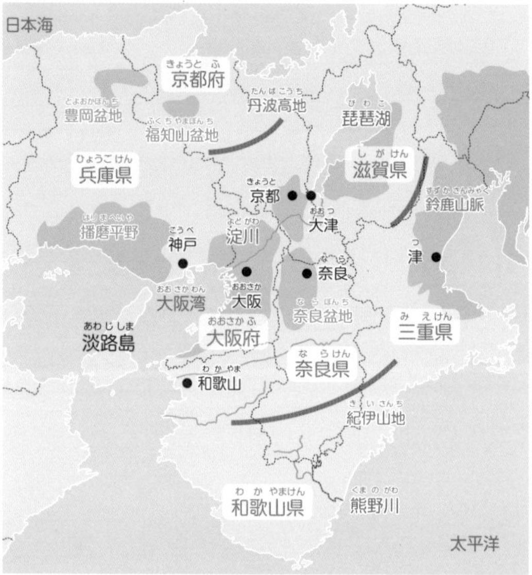


> 三重県と（　①　）の県境《けんざかい》に沿《そ》って鈴鹿山脈《すずかさんみゃく》が広がっている。２県とも県庁所在地《けんちょうしょざいち》の名前には「（　②　）」という文字が入っている。この地方で県名と県庁所在地名がちがう県はもう１つあり，（　③　）だ。
>
> また，三重県は（　④　）の方角で奈良県と面し，和歌山県とは（　⑤　）で区切られ，この３県にまたがる（　⑥　）がある。
>
> 近畿地方には日本一大きい湖である（　⑦　）があり，その水は（　⑧　）つの府県に流《なが》れ込《こ》み，大阪湾《わん》までつながっている。

①　　　　②　　　　③

④　　　　⑤　　　　⑥

⑦　　　　⑧

**2**　りくさんとはなさんは，東北地方《とうほくちほう》の資料《しりょう》１・２を見て話しています。あとの問いに答えなさい。

資料１　お米の収穫量《しゅうかくりょう》上位《じょうい》10都道府県《とどうふけん》

| | | | |
|---|---|---|---|
| 1 | 新潟県《にいがたけん》 | 6 | 福島県《ふくしまけん》 |
| 2 | 北海道《ほっかいどう》 | 7 | 茨城県《いばらきけん》 |
| 3 | 秋田県《あきたけん》 | 8 | 栃木県《とちぎけん》 |
| 4 | 山形県《やまがたけん》 | 9 | 千葉県《ちばけん》 |
| 5 | 宮城県《みやぎけん》 | 10 | 青森県《あおもりけん》 |

資料２　東北三大祭りについて

東北地方では毎年夏に，全国的《てき》な祭りが行われています。

［　①　］ねぶた祭り

人や武士《ぶし》の絵がかかれた「ねぶた」とよばれる山車《だし》を引いて，そのまわりで大集団《だいしゅうだん》がおどるお祭り。

［　③　］

［　②　］竿燈《かんとう》祭り

竿燈は稲穂《いなほ》を，提灯《ちょうちん》は米《こめ》俵《だわら》を表し，秋の豊作《ほうさく》をいのるお祭り。

［　④　］

仙台七夕《せんだいたなばた》祭り

色とりどりのはなやかな笹飾《ささかざ》りがあり，家内安全や豊作《ほうさく》の願《ねが》いがこめられたお祭り。

［　⑤　］

りく：<u>資料１を見ると，東北地方の県がとても多いよ。</u>米づくりは東北地方の大事な産業《さんぎょう》なんだね。

はな：そうだね。私《わたし》は東北地方の夏祭りについて調べたんだけど，秋に向けての豊作《ほうさく》をいのるという意味もあるらしいの。資料２に調べたことをまとめてみたよ。

1　下線部について，東北地方の県を資料１からすべて書きぬきなさい。(10点)

［　　　　］

2　はなさんがまとめた資料２について，①・②にあてはまる都道府県の名前を書きなさい。また③～⑤にあてはまる写真を下の**ア**～**ウ**の中から１つずつ選《えら》び，記号を書きなさい。(各４点)

①［　　　　］　②［　　　　］

**ア**

**イ**

**ウ**

③［　　　　］　④［　　　　］　⑤［　　　　］

**3** はなさんは中部《ちゅうぶ》地方《ちほう》の治水《ちすい》（洪水《こうずい》や水害《すいがい》から人々を守ること）について調べ，輪中《わじゅう》という仕組みを見つけました。次の問いに答えなさい。

**1** 次の資料《しりょう》１ははなさんが調べた輪中についてまとめたものです。資料からわかることとして，正しいものには○を，まちがっているものには×を，それぞれ書きなさい。（各３点）

**資料１　輪中（揖斐川《いびがわ》・長良川《ながらがわ》の流域《りゅういき》）**

写真：東阪交通サービス／アフロ

・輪中は洪水や水害から地域《ちいき》を守るために，堤防《ていぼう》で周囲《しゅうい》を囲《かこ》むようにつくられた地域です。

・輪中堤《わじゅうつつみ》は江戸時代《えどじだい》につくられたものが多く，木曽川《きそがわ》，長良川《ながらがわ》，揖斐川《いびがわ》の下流にある濃尾平野《のうびへいや》の輪中が有名です。

**ア**　輪中には地域を水害から守る役割《やくわり》がある。

**イ**　輪中は市街地《しがいち》から遠くはなれた山の中にある。

**ウ**　田畑として土地が使われることが多く，川の下流に輪中はつくられている。

**エ**　川と川の間には橋がかけられていないため，人々は船で移動《いどう》をしている。

**オ**　室町時代《むろまちじだい》につくられた輪中が多く，現在《げんざい》も残《のこ》されている。

ア［　　］　イ［　　］　ウ［　　］　エ［　　］　オ［　　］

**2**　はなさんは江戸時代に濃尾平野で治水工事をおこなった平田《ひらた》靱負《ゆきえ》の人物年表をまとめることにしました。**資料２**を読んで，**年表**の①～⑤にあてはまる言葉や数字をそれぞれ書きなさい。（各３点）

**資料２**

平田靱負は1704年８月12日，武士《ぶし》であった平田正房《まさふさ》の子どもとして，薩摩藩《さつまはん》（今の鹿児島県《かごしまけん》）に生まれました。靱負は1712年に元服《げんぷく》（成人《せいじん》になること）をして武士となり，1739年に御用人《ごようにん》となりました。御用人とは大《だい》名《みょう》（薩摩藩でいちばん地位《ちい》が高い人）を助ける仕事です。1748年には大名の次の地位である家老《かろう》になりました。

そのころ，濃尾平野では洪水が多く発生していました。1747年には治水工事がおこなわれましたが，工事が完成《かんせい》しても洪水は発生し，多くの人が被害《ひがい》にあいました。

1753年，江戸幕府《えどばくふ》の９代将軍《しょうぐん》，徳川家重《とくがわいえしげ》は薩摩藩の大名であった島津重《しまづしげ》年《とし》に濃尾平野の治水工事を命令《めいれい》しました。この工事の費用《ひよう》や人員，材料《ざいりょう》などはすべて薩摩藩が用意することになりました。当時の薩摩藩には借金《しゃっきん》があり，このような大がかりな治水工事をできるじょうたいではありませんでした。しかし靱負は「民《たみ》（人々）につくすもまた武士の本分」と決意し，治水工事をすることにしました。

1754年２月に工事が始まりましたが，工事中に薩摩藩の武士が80名以《い》上《じょう》もなくなりました。それから１年３か月後に工事は完成《かんせい》しましたが，靱負も同じ年に50歳《さい》でなくなりました。

現在，靱負が住んでいた家があった場所には平田公園があり，靱負の銅像《どうぞう》が建《た》てられています。

**年表**

| 年 | できごと |
|---|---|
| 1704年 | 平田靱負が現在の（　①　）県で生まれる。 |
| 1712年 | 元服して武士となる。 |
| 1739年 | （　②　）になる。 |
| 1748年 | 薩摩藩の（　③　）になる。 |
| 1753年 | ９代将軍（　④　）から薩摩藩に工事が命じられ，治水工事を決意する。 |
| （　⑤　）年 | 治水工事は完成するが，靱負はなくなる。 |

①

②

③

④

⑤

社会

# 2 かくにんテスト

学習日　　月　　日　得点　　／100点

**1**　りくさんとはなさんは，じょう水場に見学に行きました。次の問いに答えなさい。

(1)　りくさんは**資料《しりょう》 1** を見て，飲料水《いんりょうすい》がどのようにして家庭に送られているのかを学習しました。**資料 1** からわかることとして，正しいものには○を，まちがっているものには×をそれぞれ書きなさい。(各 2 点)

資料 1　水源《すいげん》から家庭の蛇口《じゃぐち》に水がとどくようす

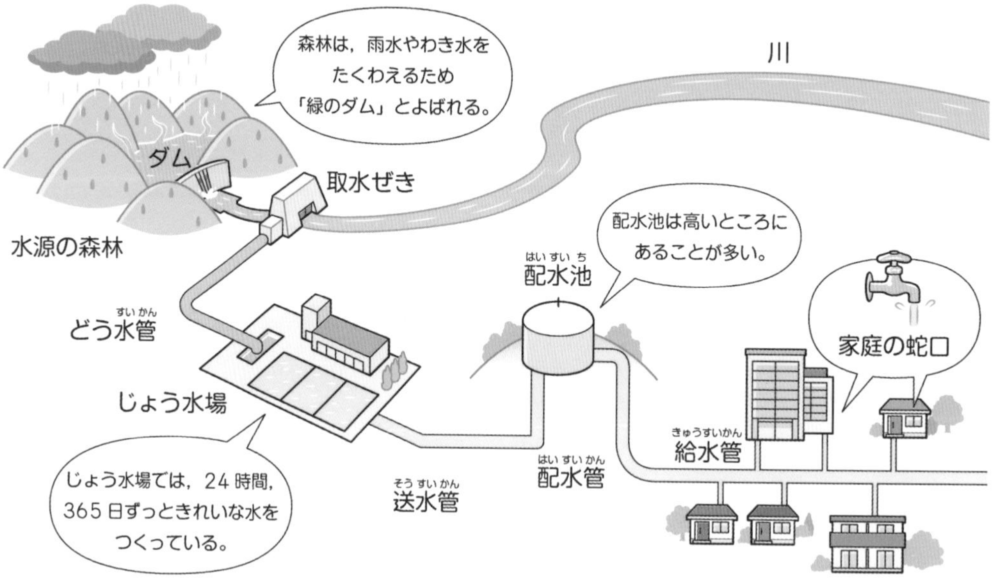


**ア**　森林は土や砂《すな》に木の根をはって，雨の水を少しずつたくわえることができるので「緑のダム」とよばれる。

**イ**　取水ぜきは川とじょう水場をつないでおり，取水ぜきから送水管《そうすいかん》によってじょう水場に水が運ばれる。

**ウ**　じょう水場は 24 時間，365 日休みなくきれいな水を作っている。

**エ**　じょう水場からはきれいにされた水と温められた水が送られている。

**オ**　配水池《はいすいち》から家庭にのびた配水管《はいすいかん》だけで水がとどけられている。

**ア**［　　］　**イ**［　　］　**ウ**［　　］　**エ**［　　］　**オ**［　　］

**2** はなさんは**資料２**を見て，じょう水場にはプールのような広さの池がいくつかあることに気がつきました。あとの**ア～エ**はどの池の説明《せつめい》をしているか，その池の名前をそれぞれ書きなさい。（各５点）

資料２　じょう水場のはたらき

じょう水場には，川などからとった水をきれいにするための仕組みがたくさんあって，安心して飲むことのできる水を送ることができるようにします。

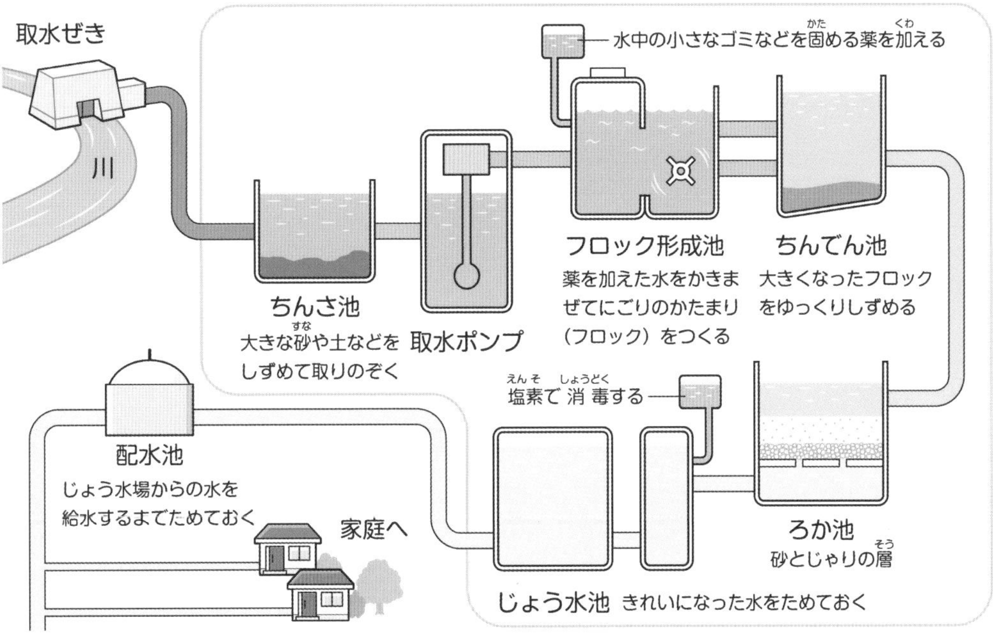


**ア**　きれいになった水を一時ためておく。

**イ**　取水ぜきから取りこんだ水をためて，砂《すな》をしずめる。

**ウ**　薬を加《くわ》えて固《かた》めたにごりのかたまりをしずめる。

**エ**　砂とじゃりの層《そう》で水をこして，小さなにごりや細菌《さいきん》を取りのぞく。

| | | | |
|---|---|---|---|
| **ア** | | **イ** | |
| **ウ** | | **エ** | |

**2** はなさんは，じょう水場から学校にもどり，水の使われ方について学習しました。あとの問いに答えなさい。

**資料《しりょう》１　家庭での水の使われ方**

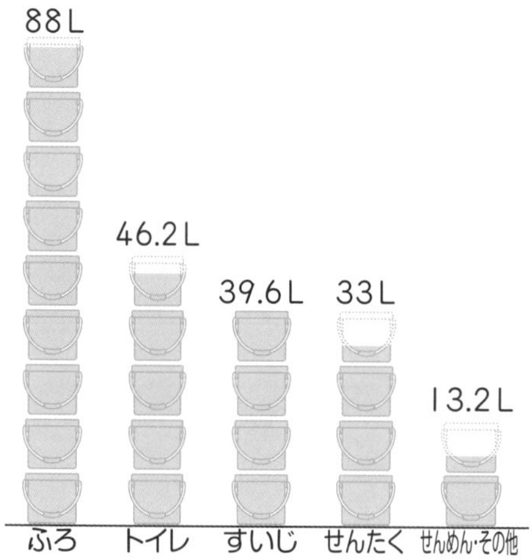

東京都水道局

**資料２　水を節約《せつやく》する方法《ほうほう》**

**洗面《せんめん》　手洗《てあら》い**
流しっぱなしにせず，こまめに蛇口《じゃぐち》を開けしめしましょう。

**洗車《せんしゃ》**
バケツにくんで使えば約《やく》60リットルの節水になります。

**歯《は》みがき**
コップにくんで歯をみがくと約５リットルの節水になります。

**すいじ**
食器を洗うのに約５分間流しっぱなしにすると，約60リットルもの水がむだになります。

**ふろ**
残《のこ》り湯の半分をせんたくなどに再利用すれば，約90リットルの節水になります。

**シャワー**
３分間流しっぱなしにすると約36リットルもの水がむだになります。

**1** はなさんは**資料１**と**資料２**を見て，わかったことをまとめました。次の文の①～⑥にあてはまる言葉や数字を，それぞれ書きなさい。（各５点）

> 家庭で使われている水は，（　①　）（　②　）（　③　）の順《じゅん》で多く，ふろの残《のこ》り湯を（　④　）することで，約（　⑤　）リットルの（　⑥　）ができることがわかります。

①　　　　②　　　　③

④　　　　⑤　　　　⑥

**2** あなたは水を大切にするためにどのような取り組みをしてみたいと思いますか。**資料１**と**資料２**を参考《さんこう》に，簡単《かんたん》に書きなさい。（15点）

22TS68

2022年度 小学生向け

# Z会の通信教育のご案内

**おためし教材さしあげます!**

くわしくは最終ページへ!

**3つのアプローチで「考える力」を育みます**

お子さまに寄り添う**個別指導**

品質に**こだわり抜いた**教材

学習への**意欲を高める**しくみ

Z会の通信教育

# 目標や目的に合わせて、一人ひとりに最

## 小学生コース

1～6年生

いつの間にか実力がついている。
それは「考える力」の成果です。

### 1・2年生

シンプルかつ上質な教材で勉強の楽しさを味わいながら、学習習慣を身につけます。国語・算数、Z会オリジナル教科「経験学習」とデジタル教材の英語、プログラミング学習をセットで。さらに思考力をきたえるオプション講座もご用意しています。

| | |
|---|---|
| セット受講 | 国語　算数　経験学習<br>デジタル教材　英語　プログラミング学習 |
| オプション講座 | みらい思考力ワーク |

Z会員の
98.9*%
が教材の質に満足！
＊2021年度小学生コース会員アンケートより

### 3・4・5・6年生

教科書の内容をおさえながら、ひとつ上の知識や応用問題も盛り込んだ学習で、確かな学力と自分で考えて答えを導き出す力を養っていきます。主要4教科や英語に加え、目的に応じた専科講座など、あらゆる学びに対応。お子さまひとりで取り組めるシンプルかつ質の高い教材で、学習習慣も自然に定着します。

| | |
|---|---|
| 本科 | 国語　算数　理科　社会<br>英語　5・6年生<br>デジタル教材　プログラミング学習 |
| 専科 | 3・4年生　英語　思考・表現力<br>5・6年生　作文　公立中高一貫校適性検査<br>6年生　公立中高一貫校作文 |

※1教科・1講座からご受講いただけます。

公立中高一貫校対策もできる！
**2021年度合格実績**（抜粋）

| | |
|---|---|
| 小石川中等教育学校 | 33名 |
| 都立武蔵高等学校附属中学校 | 33名 |
| 都立白鷗高等学校附属中学校 | 36名 |
| 桜修館中等教育学校 | 47名 |
| 三鷹中等教育学校 | 37名 |
| 土浦第一高等学校附属中学校 | 8名 |
| 千葉県立千葉中学校 | 13名 |
| 千葉県立東葛飾中学校 | 9名 |
| 横浜サイエンスフロンティア高等学校附属中学校 | 16名 |
| 相模原中等教育学校 | 32名 |
| 西京高等学校附属中学校 | 12名 |

その他の公立中高一貫校にも多数合格！

※Z会員合格者数は、小学6年生時に以下の講座を受講した方の集計です。Z会通信教育・Z会映像授業・Z会プレミアム講座、Z会の教室本科・講習、および提携塾のZ会講座。
※内部進学は除きます。　（2021年7月31日現在判明分）

最新の合格実績は　Z会　合格実績　検索

## 適な教材・サービスをご用意しています。

### 小学生タブレットコース

**1～6年生**

Z会ならではの良問に
タブレットで楽しく取り組める
コースです。

自動丸つけ機能や正答率に応じた難度の出し分け機能を活用し、Z会の「本質的で『考える力』を養う学び」を、より取り組みやすい形でお子さまにお届け。デジタルならではの動きを伴った教材で視覚的に学ぶことができ、理解が深まります。「自分でわかった」の積み重ねが自信ややる気を引き出し、自ら学ぶ姿勢を育みます。

Z会員の
96.6%*
が今後も続けたい！
※2021年度小学生タブレットコース会員アンケートより

1～2年生セット受講：国語　算数　みらいたんけん学習　英語　プログラミング学習

3～6年生セット受講：国語　算数　理科　社会　英語　プログラミング学習　〔3年〕未来探究学習　〔4-6年〕総合学習

※小学生タブレットコースの受講には、タブレット端末等のご用意が必要です。

### 中学受験コース

**3～6年生**

［トータル指導プラン］

受験直結の教材と指導で
難関中学合格の実力を養います。

難関国私立中学の入試を突破できる力を、ご自宅で養うコースです。お子さまの発達段階を考慮して開発したオリジナルカリキュラムで、効率よく学習を進めていきます。
映像授業による解説授業など、全学年ともタブレットを用いたデジタルならではの機能で、理解と定着を強力サポート。記述力は、従来どおり自分の手で書く積み重ねと、お子さまの理解度に合わせた手厚い添削により、常に最善の答案を練り上げられるように指導します。さらに6年生の後半には、より実戦的な専科もご用意し、合格へ向け万全のバックアップを行います。

※要点学習に特化したプランもあります。

本科：国語　算数　理科　社会
※中学受験コース本科の受講には、タブレット端末等のご用意が必要です。
※1教科からご受講いただけます。

専科：6年生のみ
頻出分野別演習　志望校別予想演習

**2021年度合格実績（抜粋）**

| | |
|---|---|
| 筑波大学附属駒場中学校 | 21名 |
| 開成中学校 | 32名 |
| 麻布中学校 | 23名 |
| 桜蔭中学校 | 15名 |
| 豊島岡女子学園中学校 | 25名 |
| 渋谷教育学園幕張中学校 | 40名 |
| 聖光学院中学校 | 16名 |
| フェリス女学院中学校 | 6名 |
| 東海中学校 | 9名 |
| 清風南海中学校 | 8名 |
| 西大和学園中学校 | 23名 |
| 神戸女学院中学部 | 5名 |
| 灘中学校 | 10名 |

その他の難関国私立中学にも多数合格！

※Z会員合格者数は、小学6年生時に以下の講座を受講した方の集計です。Z会通信教育・Z会映像授業・Z会プレミアム講座、Z会の教室本科・講習、および提携塾のZ会講座。
※内部進学は除きます。　（2021年7月31日現在判明分）

最新の合格実績は　Z会　合格実績　検索

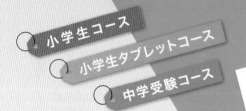

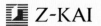

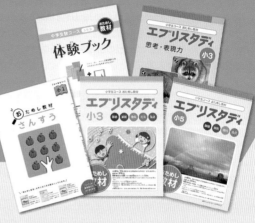

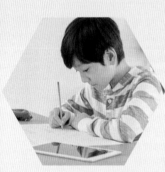

**3**　りくさんは，回収《かいしゅう》されたごみがどのように処理《しょり》されるかを学習しました。あとの問いに答えなさい。

資料　ごみの分別《ぶんべつ》とそのあとの流れ

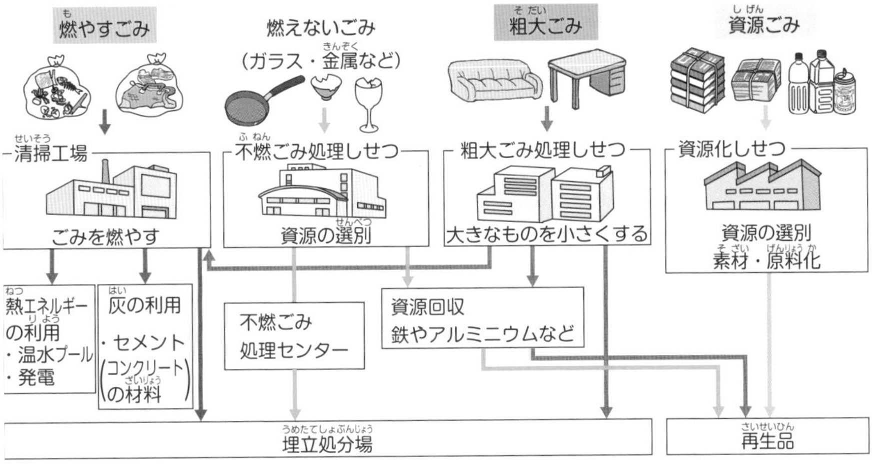


1　**資料**からわかることとして，正しいものには○を，まちがっているものには×を，それぞれ書きなさい。(各２点)

**ア**　清掃《せいそう》工場では，ごみを燃《も》やすときに出る熱《ねつ》エネルギーを発電などに有効利用《ゆうこうりよう》する。

**イ**　金属《きんぞく》ごみは再資源化《さいしげんか》できるものを選《えら》ぶため，埋立処分場《うめたてしょぶんじょう》にうめられることはない。

**ウ**　粗大《そだい》ごみは小さくくだかれたあと，資源化《しげんか》しせつで再生される。

**エ**　陶器《とうき》・ガラス・金属ごみは，埋立処分場の前に不燃ごみ処理センターへ運ばれる。

**オ**　資源ごみは資源化しせつなどで分類《ぶんるい》され，再生品にうまれかわる。

**ア**［　　］　**イ**［　　］　**ウ**［　　］　**エ**［　　］　**オ**［　　］

2　ごみをへらすためにあなたならどのようなことをしますか。ごみの種類《しゅるい》をあげて答えなさい。(15点)

# かくにんテスト

学習日　月　日　得点　／100点

**1**　りくさんとはなさんは，自然災害《しぜんさいがい》について調べたグラフを見ながら話し合っています。あとの文の①～⑥にあてはまる言葉や数字をそれぞれ書きなさい。

（各５点）

資料《しりょう》　日本の自然災害発生件数《しぜんさいがいはっせいけんすう》と被害額《ひがいがく》のうつりかわり

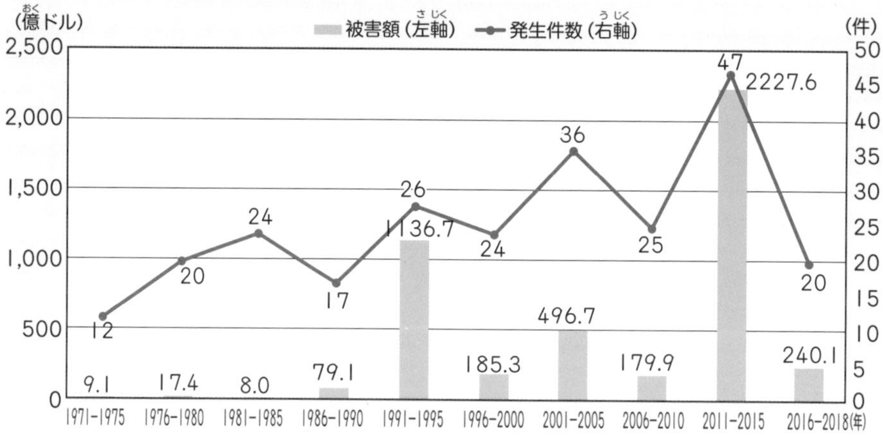


資料：ルーバン・カトリック大学校学研研究所災害データベース（EM-DAT）より中小企業庁作成

りく：このグラフは，日本の自然災害発生件数《しぜんさいがいはっせいけんすう》と被害額《ひがいがく》のうつりかわりをあらわしているんだね。

はな：横軸《よこじく》は，年数をあらわしているね。2016年から2018年は３年分だけど，それ以外《いがい》はすべて（　①　）年分になっているよ。

りく：（　②　）～（　③　）年と2011～2015年の被害額がとても多いね。

はな：どちらの期間にも，大きな（　④　）が発生したね。

りく：そうか，2011年は（　⑤　）地方を中心に東日本大震災《ひがしにほんだいしんさい》があったんだ。発生件数も（　⑥　）件で，もっとも多いね。

①　　　　②　　　　③

④　　　　⑤　　　　⑥

**2**　りくさんとはなさんは，自分たちが住んでいる市のハザードマップを見ています。このハザードマップからわかることとして，正しいものには○を，まちがっているものには×を，それぞれ書きなさい。(各２点)

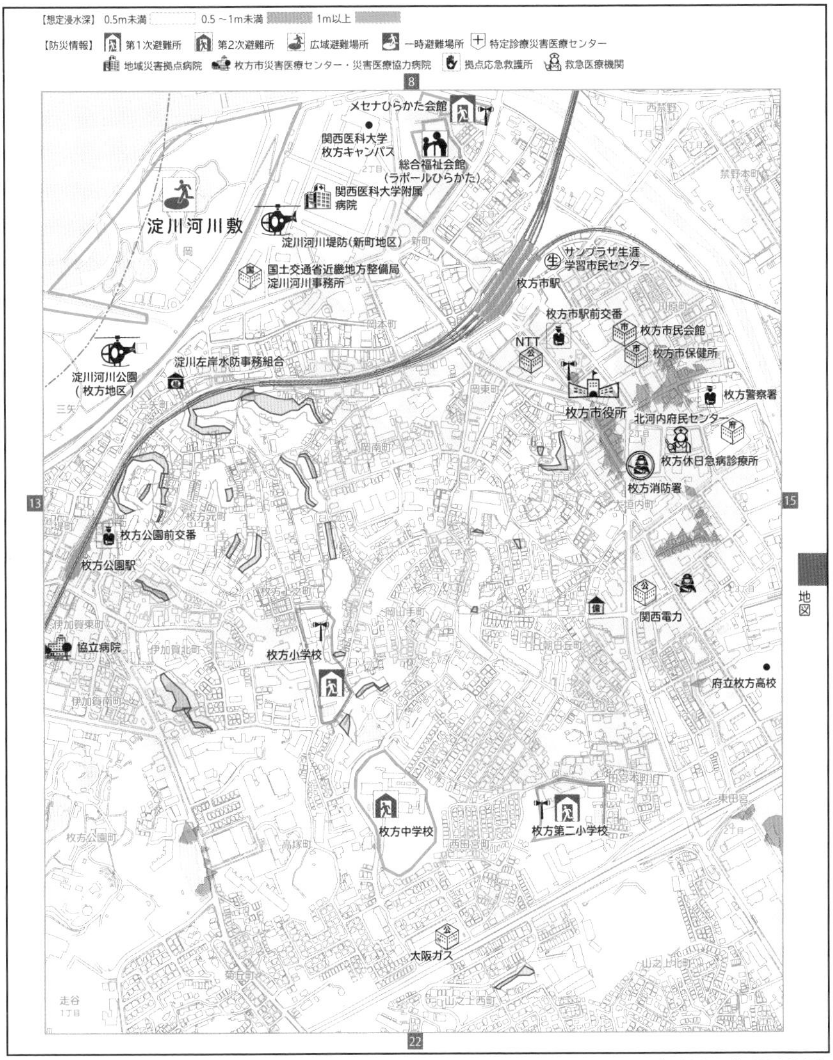




**ア**　色分けで，水にひたってしまうはんいの予測《よそく》がしめされている。

**イ**　避難《ひなん》場所がすぐにわかるように目立つくふうがされている。

**ウ**　避難場所は駅周辺《しゅうへん》に多くつくられている。

**エ**　消防署《しょうぼうしょ》は水にひたらない場所につくられている。

**オ**　駅の北側《きたがわ》より南側のほうが被害は大きいと予測されている。

**ア**　　　**イ**　　　**ウ**　　　**エ**　　　**オ**

**3** 地域《ちいき》の防災《ぼうさい》活動について，次の問いに答えなさい。

1 次の図の①～③には地域の防災を考えるときに大切なことである「自助」「公助」「共助《きょうじょ》」のいずれかが入ります。それぞれの説明《せつめい》を読み，①～③にあてはまる言葉を書きなさい。(各4点)

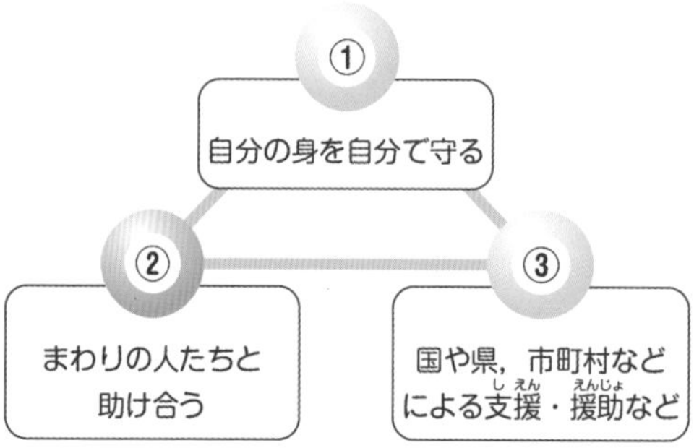
①
自分の身を自分で守る
②
まわりの人たちと
助け合う
③
国や県，市町村など
による支援《しえん》・援助《えんじょ》など

① 

② 

③ 

2 次の写真は避難訓練《ひなんくんれん》のようすをまとめたものです。写真の説明として正しいものを，下の**ア**～**エ**の中から１つずつ選《えら》び，記号を書きなさい。(各2点)

① 

② 

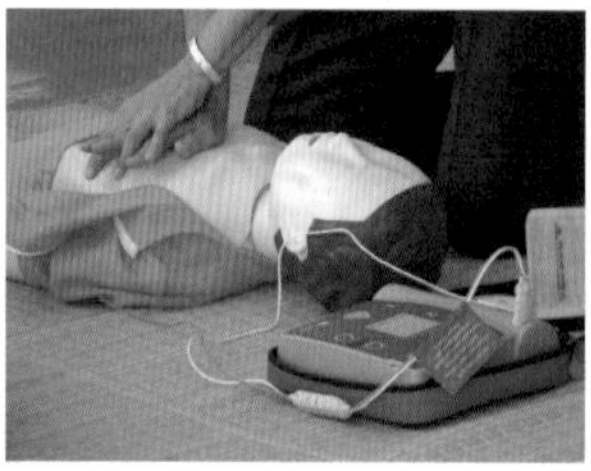

③ 

④ 

**ア** 消防士《しょうぼうし》の指導《しどう》による救出《きゅうしゅつ》・救助訓練

**イ** 自治会《じちかい》の人たちによるたき出し

**ウ** 消防団《しょうぼうだん》の指導による消火訓練

**エ** 病院の医療《いりょう》チームによる医療救護《きゅうご》訓練

**4** 防災対策《ぼうさいたいさく》について，次の問いに答えなさい。

1 次の図は消防庁《しょうぼうちょう》が小学校低学年《ていがくねん》向けにつくった，避難《ひなん》するときに気をつける「**おはしも**」です。この「**おはしも**」はそれぞれどのような言葉の頭《かしら》文字からとったのか，その言葉を書きなさい。答えは漢字で書いてもかまいません。（各５点）

**お**

**は**

**し**

**も**

2 次のイラストを見て，防災対策のために日ごろからやっておくとよいと思うことを，２つ書きなさい。（各10点）

「え、なに？」

思わずまばたきをした。

「あ、かなちゃんも咲子ちゃんも、もう、うまくやっているわね」

「え、ほんと？」咲子ちゃんと私は、目を合わせた。

「ただただ、にこにこしていることよ」

「にこにこ？」咲子ちゃんが、③きょとんとした声で言った。

「そう。自分にあたえられた時間の中で、今自分にできることを、せいいっぱいやって、なにがあってもにこにこしていること。人が見ていても、見ていなくても、かっこ悪くても、苦しくても、さびしくても、ただただできることをして、にこにこしているの。それだけ」

「それだけ？」

「そう、それだけ。にこにこしている人を見たら、気持ちがいいでしょう」

「うん」

「気持ちのいい人だな、って思われたら、自然《しぜん》に気持ちのいい人になっていくのよ」

「へえ……」

「あのころは、人種《じんしゅ》がちがうっていうだけで、人間としてあつかってくれないような人もいたけど、なにがあってもなにを言われても、にっこり笑《わら》ってすごしているうちに、苦虫をかみつぶしたような顔の人も、だんだん笑顔《えがお》になっ

(3) ――②について説明《せつめい》した次の文の□に入る言葉を、それぞれ文中から書きぬきなさい。（各5点）

まずは □□□□□□□□□ を全力でやりきって、後はとにかく □□□□□□□□ こと。

(4) ――③とありますが、咲子ちゃんはどんな気持ちなのですか。記号を○でかこみなさい。（10点）

**ア** 急によばれたのでおどろいた。

**イ** どういう意味かわからない。

**ウ** それが正しいとは思わない。

(5) ――④とありますが、おハルさんはどのようなことを言いたいのですか。「笑顔《えがお》」「まわり」という言葉を使って書きなさい。（10点）

**5** 次の文章を読んで、あとの問いに答えなさい。

「おハルさんは、どうしてアメリカに行ってたんですか？」

咲子《さきこ》ちゃんがきいた。

「働《はたら》くためよ。私《わたし》が結婚《けっこん》した人は長男じゃなかったから、田んぼや畑をゆずってもらえなくて、自分で働くところを求《もと》めてアメリカにわたったのよ。そういう人はいっぱいいたから、一緒《いっしょ》に大きな船に乗って海をわたったわ。①アメリカだけじゃなくて、ブラジルやハワイなんかにもたくさん人が移住《いじゅう》したのよ」

「じゃあ、みんなが一緒で、楽しかった？」

「船に乗って向かっていたときはね。希望《きぼう》でむねがいっぱいだった。だけど、現実《げんじつ》はとてもきびしかったのよ。現地に着いたらみんな［A］になって、言葉は［B］わからないし、みんなほんとうに苦労《くろう》したわ。だんなさんと私は、海の近くの大きなお家に住みこみで入ることになって、彼《かれ》はお庭を整える係に、私は家事を手伝《てつだ》う係になったの。いろんなお料理《りょうり》なんかは、このとき教えてもらったのよ」

「じゃあ、みんな親切だったんだ。」

「まあ、親切、とまではいかないけど、わからないことは、きけば、教えてくれたわね。とにかく、生きていくために覚《おぼ》えなくちゃいけないことばかりで、必死《ひっし》だったわ。あのね、②知らない土地に行ってうまくやるコツって知ってる？」

てきたわ。④心って、うつるのよ。ぎゃくも一緒。苦虫をかみつぶしてばっかりいたら、まわりもみーんな苦虫をかみつぶしはじめるのよ。こんなふうに」

おハルさんが「苦虫をかみつぶした顔」の実例《じつれい》を作って、咲子ちゃんと私に、「ん」「ん」とうなりながら見せてくれた。おかしくて、二人で大笑いしてしまった。

東直子《ひがしなおこ》『いとの森の家』（ポプラ社刊）

(1) ——①とありますが、それは何のためでしたか。文中の言葉を使って十五字以内《いない》で書きなさい。（10点）

(2) ［A］・［B］に入る言葉の組み合わせとして正しいものを一つ選《えら》び、記号を○でかこみなさい。（10点）

**ア** A フワフワ　B どんどん

**イ** A バラバラ　B ぜんぜん

**ウ** A クタクタ　B まだまだ

(5) □《ねん》□《が》はがきを買う。

(6) 海から□《りく》に上がる。

(7) □《とも》□《ばたら》きの家庭。

(8) □《がっ》□《しょう》の練習をする。

(9) 空巣に入られる。（　　）

(10) グラフを利用する。（　　）

**4** 次の文の——の言葉の意味としてあうものをあとの**ア**～**ウ**の中から一つずつ選《えら》び、（　）に記号を書きなさい。なお、同じ記号は二回使えません。（全部できて各5点）

(1)
・そのお話は前に先生からうかがいました。（　）
・明日の昼に父がそちらへうかがいます。（　）
・あなたのご意見をうかがいたいです。（　）

**ア** 行く　**イ** 聞く　**ウ** たずねる

(2)
・できるだけ早めにおいでください。（　）
・先生はご自宅《じたく》においでだそうです。（　）
・車でどちらにおいでになるのですか。（　）

**ア** いる　**イ** 行く　**ウ** 来る

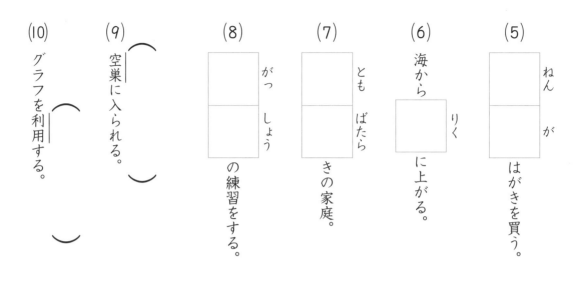

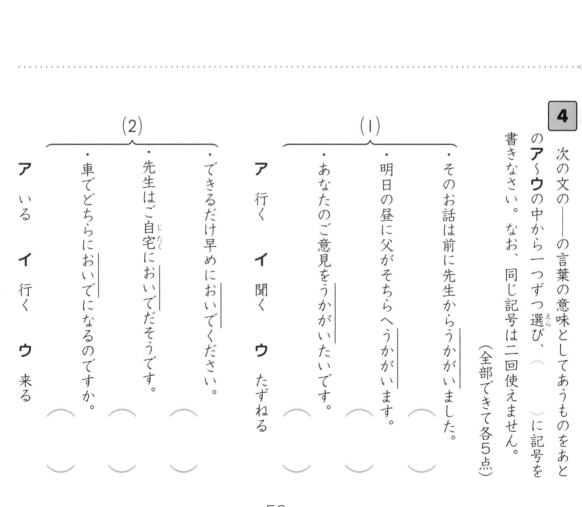

国語

# 5 かくにんテスト

学習日　　月　　日

得点　　／100点

**1** □には漢字を書きなさい。また、（　）には――を引いた漢字の読みがなを書きなさい。（各2点）

(1) □□《どうとく》の授業《じゅぎょう》を受ける。

(2) □□《ばいりん》を歩く。

(3) 山中で□《くま》に出会う。

(4) めきめきと□□《じょうたつ》する。

**2** 次の文の――の言葉をていねい語に書き直しなさい。（各5点）

(1) あと一時間ほどでようやく目的《もくてき》地に着く。

(2) ぼくの夢《ゆめ》はプロ野球の選手《せんしゅ》になることだ。

**3** 次の文の――の言葉をふさわしい敬語《けいご》に書き直しなさい。（各5点）

(1) お客様が食べた料理《りょうり》はわたしが作ったものです。

(2) 昨日《きのう》わたしが見た先生の作品はとても素晴《すば》らしかったです。

5 この場合は、時間だけでなく相手によっても、あいさつの言葉を使い分けているのです。もしかしたら、「おはよう」「おやすみ」などのあいさつは、生活や勉強、仕事などをいっしょにしている人に対する、特別《とくべつ》な言葉なのかもしれませんね。

6 あいさつ以外《いがい》にも、使い分けのむずかしいものがあります。ひとつは、助詞《じょし》です。

7 [B]お店で50円の買いものをして1000円札を出したとき、「おつりがないので、細かいお金をもっていませんか？」と聞かれて、お財布《さいふ》を見て入っていたのは10円玉1枚《まい》。そんなときは？ 相手に期待されているほどの持ちものがないときには、「10円しかないです」と、「ない」ことを強める言い方がふつうです。「10円だけあります」と「ある」ことを強める言い方をすると、ちょっとおかしな感じがしますよね。このように、②「しか」と「だけ」の2文字で、文の意味はちがってくるのです。

8 また、ものの数え方を区別《くべつ》するのもなかなかたいへんです。ものを数えるときに使う「匹《ひき》」や「個《こ》」などの言葉を「助数詞《じょすうし》」といいますが、日本語の助数詞はとても種類《しゅるい》が多いのです。

金田一秀穂《きんだいちひでほ》監修『日本のもと　日本語』（講談社刊）

□□□□□～□□□□□

(4) ――②とありますが、それぞれどのような意味になるのですか。文中の言葉を使って説明《せつめい》しなさい。（各5点）

しか □

だけ □

(5) 8段落の要点《ようてん》をまとめた次の文の□にあてはまる言葉を、それぞれ文中から書きぬきなさい。（各5点）

日本語には□□□□□ときに使う助数詞《じょすうし》の種類《しゅるい》が□□ので、□□するのがたいへんである。

## 4 次の文章を読んで、あとの問いに答えなさい。

[1] 朝、会ったときは「おはよう」、昼に会ったときは「こんにちは」とあいさつしますね。では、あいさつを「おはよう」から「こんにちは」に切りかえるのは、いったい何時くらいなんでしょうか？　[A]、「こんにちは」から「こんばんは」に切りかえる時間は？

[2] こういう質問《しつもん》をされても、①なかなかきちんと答えられません。同じ午前11時でも、朝4時に起きる人と朝8時に起きる人では感じ方がちがいますし、同じ午後6時でも、まだ明るい夏とすっかり日が暮《く》れてしまう冬では、やはり感じ方がちがうでしょう。だれもが無意識《むいしき》に使い分けているので、あらためて説明《せつめい》するのがむずかしいのです。

[3] あいさつを使い分ける基準《きじゅん》は、時間だけではありません。

[4] みなさんは朝起きてお母さんに会ったら、「おはよう」とあいさつしますよね。じゃあ、昼間、駅前でお母さんに会ったとしたら？　「こんにちは」とあいさつする人は、あまりいないでしょう。同じように、家族に対して「おやすみ」というあいさつはしますが、「こんばんは」とか「さようなら」というあいさつはしません。

---

(1) [A]・[B]に入る言葉の組み合わせとして正しいものを一つ選《えら》び、記号を○でかこみなさい。（5点）

**ア**　A　しかも　　B　だから
**イ**　A　そして　　B　ところが
**ウ**　A　ところで　B　つまり
**エ**　A　さらに　　B　たとえば

(2) ――①とありますが、それはなぜですか。次の文の□にあてはまる言葉をそれぞれ文中から書きぬきなさい。（各5点）

人によって□□□がちがうものを、それぞれの人が無意識に□□□□□いて、あらためて説明するのが□□□□□から。

(3) [4]段落《だんらく》の内容《ないよう》をまとめた部分を文中から三十字でさがし、初《はじ》めと終わりの五字ずつを書きぬきなさい。（両方できて5点）

(5) 交通が□□《ふ　べん》だ。

(6) □□《にゅう　ねん》に準《じゅん》備《び》をする。

(7) 決勝戦《せん》で□□《たい　はい》する。

(8) 建物《たてもの》が□□《かん　せい》する。

(9) 一束の花。（　　　）

(10) 重さを量る単位。（　　　）

**3** 次の――の熟語《じゅくご》は特別《とくべつ》な読み方をします。読み方をひらがなで（　）に書きなさい。（各3点）

(1) ぼくはピアノを始めたばかりなので、まだまだ下手だ。（　　　）

(2) 夏休みに入ってから、まだ二日しかたっていない。（　　　）

(3) 毎日真面目に勉強に取り組もうと決心する。（　　　）

(4) わたしにはたくさんの友達がいる。（　　　）

(5) 一人で山に登った人の行方がわからなくなる。（　　　）

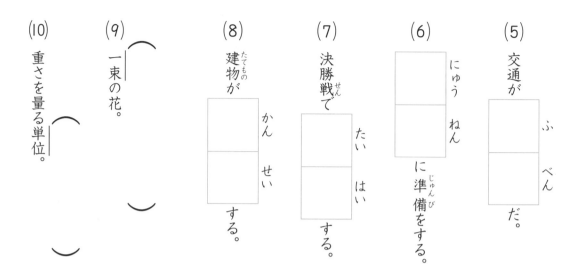

国語

# 4

## かくにんテスト

学習日　　月　　日

得点　　／100点

**1** □には漢字を書きなさい。また、（　）には——を引いた漢字の読みがなを書きなさい。（各2点）

(1) 学問の□《きゅう》□《きょく》の目的《もくてき》。

(2) 次の角を□《さ》□《せつ》する。

(3) □《ちゃく》□《い》のまま泳ぐ。

(4) 散歩《さんぽ》を□《にっ》□《か》にする。

**2** 次の文の——の言葉を漢字に直して書きなさい。なお、送りがなが必要《ひつよう》なものは送りがなも書きなさい。（各3点）

(1) ぼくは弟とけんかして自分のへやにとじこもった。　□

(2) 先生は言いまちがいに気づいてまっかな顔をした。　□

(3) あすの朝、車でむかえに行きますね。　□

(4) いとこのおねえさんに勉強を教えてもらう。　□

(5) 物知りな兄ははかせとよばれている。　□

ぼくは「いま」に　いるんだな　ほほう！
ぼくは「ここ」に　いるんだな　ほほう！
ぼくは「ぼく」で　いるんだな　ほほう！

遠い A と　はるかな B に　はさまれて

『工藤直子詩集　うたにあわせて　あいうえお』
（岩崎書店刊）

(1) この詩で使われていない表現方法《ひょうげんほうほう》を次の中から一つ選《えら》び、記号を○でかこみなさい。（10点）

**ア** 反復《はんぷく》法　**イ** 体言止め

**ウ** 省略《しょうりゃく》法　**エ** 隠喩《いんゆ》

---

**イ** 同じ自分の耳でもちがう音が聞こえてくることへの疑問《ぎもん》。

**ウ** 自分の生きる現在《げんざい》が過去《かこ》や未来とつながっていることへの感動。

(5) この詩を読んだ感想を書いた次の文章の□にあてはまる言葉をそれぞれ詩の中から書きぬきなさい。（各5点）

第一連《れん》と第二連では、どちらの□で音をきくかがちがっていて、さらに、「むかし」「未来」と、それぞれ意識《いしき》している時間がちがっています。第三連になると、意識する時間は□に変《か》わっています。また、後半三行の「いるんだな　ほほう！」が同じ形になっていて、整《ととの》ったリズムになっています。

地球の大きな時間の流れの中に自分がすっぽりと取りこまれていることが感じられる詩です。

**4** 次の詩を読んで、あとの問いに答えなさい。

ほほう！
工藤直子《くどうなおこ》

ひだりの耳を　すますと
遠い遠いむかしの音が　きこえました
わかい地球の　わかい海で
ぴちっ
はじめて　いのちが生まれた音

みぎの耳を　すますと
はるかはるか未来《みらい》の音が　きこえました
空のむこうの　むこうの　むこうで
ぽんっ
あたらしい世界のとびらが　ひらいた音

<u>まんまるく目をあけて</u>
ぐるりと　まわりを見まわして
ぼくは　ほほう！　と鳴きました

(2) ——とありますが、ここでの「ぼく」はどのような様子ですか。記号を○でかこみなさい。（10点）

**ア** 自分がいることを実感するために、まわりをよく見ようとする様子。

**イ** 自分のことでせいいっぱいで他のことに気づけないでいる様子。

**ウ** まわりで何が起こったかまったくわからなくてあせっている様子。

(3) A と B にあてはまる言葉をそれぞれ詩の中から書きぬきなさい。（各5点）

A □□□

B □□

(4) この詩には、作者のどんな思いがえがかれていますか。記号を○でかこみなさい。（10点）

**ア** 現在《げんざい》のことより過去《かこ》や未来《みらい》のことを考えていたいという願い。

(5) □《でん》□《とう》をつける。

(6) けがをした部分に□《ほう》□《たい》を巻《ま》く。

(7) 荷物を□《なわ》でしばる。

(8) じゃがいもの□《しん》□《め》。

(9) 市街地に出かける。（　　）

(10) 大臣の仕事。（　　）

**3** 次の文章の(1)〜(3)は慣用句の一部です。（　）にあう言葉を書きなさい。（各5点）

わたしの姉は（(1)）を割《わ》ったような性格《せいかく》で、思ったことは（(2)）に衣《きぬ》を着せないでどんどん言ってしまいます。でも、たまに言いすぎてしまって、先生や両親に「もう少しやさしい言い方をした方がいいよ」と注意されることがあります。ふだんは気が強いのに、そうやって注意されると青菜《あおな》に（(3)）でしょんぼりしていることが多いです。

(1) □

(2) □

(3) □

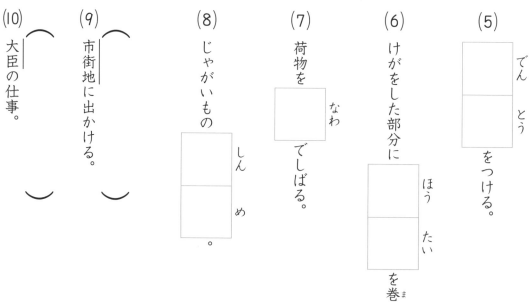

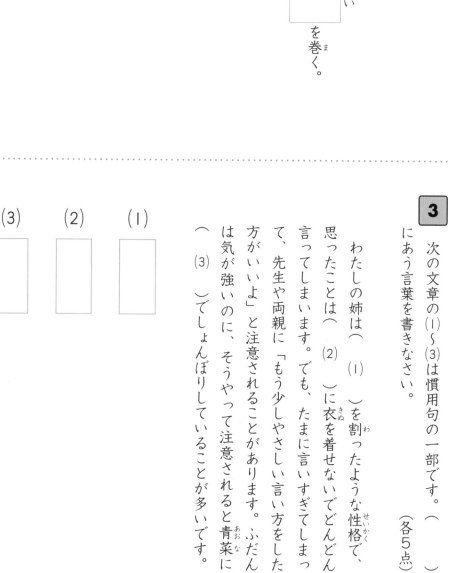

国語 3

# かくにんテスト

学習日　月　日

得点　／100点

**1** □には漢字を書きなさい。また、（　）には——を引いた漢字の読みがなを書きなさい。（各2点）

(1) きゅう　じん □□ 広告《こうこく》を出す。

(2) 全員で解決方法《かいけつほうほう》を きょう　ぎ □□ する。

(3) じょう　か　まち □□□ を歩く。

(4) そこ　ぢから □□ を見せる。

**2** 次の文の——の慣用句《かんようく》の意味をあとの**ア**〜**ウ**の中から一つずつ選《えら》び、（　）に記号を書きなさい。（各5点）

(1) 今さらテストに出るところを覚《おぼ》えようとしても、焼《や》け石に水だよ。（　）

(2) お父さんもさじを投げるくらいひどかったパソコンの故障《こしょう》を、ぼくが直したよ。（　）

(3) やぶをつついてへびを出すことになってはいけないから、だまっていよう。（　）

**ア** 物事がこれ以上《いじょう》よくならないとあきらめる。

**イ** よけいなことをしてかえって悪いことをまねく。

**ウ** 少しの努力《どりょく》や助けではほとんど役に立たない。

「なんで無視すんだよ」

「学校で話しかけないで、っていってるのに」

「ここ、学校じゃないだろ」

「下校中は学校と同じだよ」

結羽は足を速めたが、すぐに追いつかれた。まったく、岳人ときたらチョーどん感。こんなやつのどこがいいのか、と思うけれど、なぜか女子に人気がある。

岳人は家が近所で、二人の母親が仲良しだ。なので、結羽も岳人も、小さいころはしょっちゅう、おたがいの家を行き来していた。

「最近、なんで、おれのことさけてんだよ」

岳人が結羽のかたを軽くこづく。気安くさわるな、といいたいけれどがまんした。

「どん感なんだよ、岳人は」

④だからみんなに誤解《ごかい》されてしまうのだ。——なんで岳人は、あの無駄《むだ》に背が高いだけの結羽なんかと仲がいいの？

それは、ミニバスケでドジをふんだあとに聞いてしまった陰口《かげぐち》。自分でも、せめてもう少しこがらだったら、失敗《しっぱい》してもそんなに目立たないのに、と思う。

それでも、陰口をいわれるだけだったらまだよかった。小春から、岳人のことが好《す》きなのか、と聞かれたのが二週間ぐらい前。親同士《どうし》が仲がいいだけだと答えた。ところがその直後、岳人の家から出てくるところを、小春に見られてしまった。シカトされるようになったのはそれからだ。

濱野京子《はまのきょうこ》「くるっと一回転」（日本児童文学者協会編『やがて、物語は逆転する』偕成社刊）

---

**ウ**　結羽が岳人の家から出てきたところを、たまたま小春に見られたこと。

(3)　——③とありますが、この時の岳人はどんな気持ちなのですか。記号を○でかこみなさい。（10点）

**ア**　結羽に追いつけてほっとする気持ち。

**イ**　結羽に無視されて不満に思う気持ち。

**ウ**　結羽に話しかけられず悲しい気持ち。

(4)　——④とありますが、どのような誤解《ごかい》をされてしまうのですか。次の文の□にあてはまる言葉をそれぞれ文中から書きぬきなさい。（両方できて10点）

女子から人気のある岳人と結羽が□□のは、結羽が岳人のことを□□だからではないかという誤解。

## 4 次の文章を読んで、あとの問いに答えなさい。

体育なんて授業《じゅぎょう》が、世の中からなくなればいいのにって思う。

結羽《ゆう》はスポーツが大、大、大の苦手。球技《きゅうぎ》も下手《へた》だし、走るのもおそい。なかでも、マット運動は特《とく》にきらいだ。

ミニバスケでは、できるだけボールにさわらないようにして、なんとかごまかす。走るときはみんな必死《ひっし》だから、ほかの子のことなんて見ていない。けれど、マット運動は一人ずつ行うから、できないのがバレバレ。この前の体育では、補助倒立《ほじょとうりつ》がなかなかできなくて、とてもはずかしかった。あせるやらなさけないやらで、あせをびっしょりかいてしまった。

あのとき、①小春《こはる》と未希《みき》は、視線《しせん》を合わせてくすっと笑《わら》った。結羽ったら補助倒立もまともにできないなんて。そんな言葉が頭の中でひびいた。実際《じっさい》にいわれたわけではないけれど。

小春も未希もずっと仲良《なかよ》しだったのに、最近《さいきん》、ときどきシカトされる。理由はわからない。でも、②もしかしたら、と思うことがあった。

放課後《ほうかご》、結羽は一人で校舎《こうしゃ》を出た。小春と未希は、今日も先に帰ってしまった。

校門を出てしばらく歩いていくと、

「おーい、結羽！」

と呼《よ》ぶ声がする。岳人《がくと》だ。声を無視《むし》して歩きつづけたけれど、走ってきた岳人は、横にならんで③口をとがらせる。

(1) ――①とありますが、結羽《ゆう》は二人がどのような気持ちなのだと感じたのですか。記号を○でかこみなさい。（15点）

**ア** ずっと仲良《なかよ》くしてきた結羽が補助倒立《ほじょとうりつ》に苦戦《くせん》しているのを見て、少しでもおうえんしようという気持ち。

**イ** 最近《さいきん》シカトしている結羽が補助倒立くらいのこともできないので、おかしくていい気味だという気持ち。

**ウ** ふだん自分たちを見下している結羽が失敗《しっぱい》するのを目の前で見るのが、なんだかうれしいという気持ち。

(2) ――②とありますが、どのようなことですか。記号を○でかこみなさい。（15点）

**ア** 結羽が小春《こはる》や未希《みき》に最近ときどきシカトされるようになったこと。

**イ** 岳人《がくと》が、だれに見られているかもわからないのに結羽に気軽に話しかけてくること。

(5) 途中(とちゅう)で［きゅう］［すい］する。

(6) ［がい］［ちゅう］を退治(たいじ)する。

(7) リボンの［い］［ち］を変(か)える。

(8) いちごの品種(ひんしゅ)を［かい］［りょう］する。

(9) 希少な生物を発見する。（　　）

(10) 手旗で信号(しんごう)を送る。（　　）

**3** 次の文の▒▒の部分をくわしくする言葉（修飾語(しゅうしょくご)）をすべて選(えら)び、（　）に記号を書きなさい。（すべてできて各5点）

(1) ア姉は　イ急に　ウ大きな　エ高い　**声で**　オさけんだ。（　　）

(2) アあの　イ店には　ウぼくの　エほしい　オものが　カ何でも　**ある**。（　　）

(3) アわたしは　イきのうの　ウ夜に　エ一時間も　オ父と　カ電話で　**話した**。（　　）

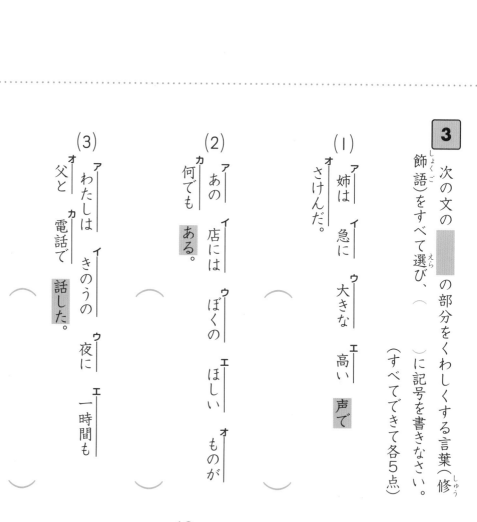

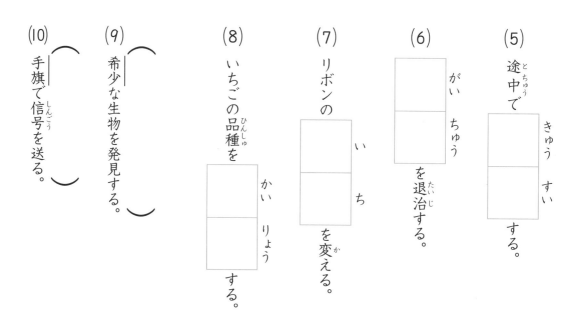

国語

# 2

## かくにんテスト

学習日　月　日

得点　／100点

**1** □には漢字を書きなさい。また、（　）には――を引いた漢字の読みがなを書きなさい。（各2点）

(1) 予想が□□《てきちゅう》する。

(2) □□《きょうだい》の前にすわり、顔をうつす。

(3) □□《きしべ》を歩く。

(4) □□《くんれん》を重ねる。

**2** 次の文の□の言葉は、どの言葉をくわしくしていますか。（　）に記号を書きなさい。（各5点）

(1) ア白い　イ車が　スピードを　ウ出して　エ道の　オ向こうへ　カ走って　キ行った。（　）

(2) 茶色の　アかわいい　イねこが　ウよちよちと　エこちらに　オ歩いて　カくる。（　）

(3) ア少しでも　はやく　イわたしも　ウ友達《ともだち》の　エ待つ　オ公園に　カ行きたい。（　）

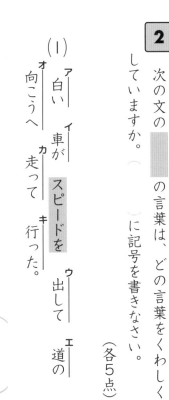

「こわいカツオも、群れになってみんなで泳げばこわくない。」

というわけです。

4 人間は、一人ではできなくても仲間《なかま》といっしょに協力《きょうりょく》することでできることがたくさんあります。また、助けあうことで危険《きけん》から身をまもり、仲間からたくさんのことを学んで成長《せいちょう》します。③魚の世界もおなじで、仲間といっしょにいて多くの目でえさをさがすので見つかりやすいし、危険《きけん》もいち早く知ることができます。[A]、仲間からえさの食べ方や、敵《てき》におそわれたときのにげ方もおぼえるといいます。

5 このほかにも群れているといいことがあります。風にむかって歩くとき、おとなの後ろにいたら歩きやすいですよね。魚も先頭より後ろのほうが水のていこうが少なくて泳ぎやすいので、先頭の魚と後ろの魚が入れかわりながら泳ぎます。[B]後ろは楽とはいいきれないことがあります。たくさんの魚が群れをつくって泳いでいると、先頭にいる魚が海水からたくさん酸素《さんそ》をすってしまうので、後ろは酸素《さんそ》がうすくなって、息がしにくいこともあるといいます。楽な泳ぎをとるかたくさんの酸素《さんそ》をとるか、魚になってみないとわからないことなのかも知れません。また、人間も一人で遊んでもつまらないし、たのしさも半分になりますが、魚もおなじように感じているようです。

小《こ》泉《いずみ》光《みつ》久《ひさ》『身近な魚のものがたり』（くもん出版刊）

(3) [A]・[B]に入る言葉の組み合わせとして正しいものを一つ選《えら》び、記号を○でかこみなさい。（10点）

**ア** A また　B でも

**イ** A だから　B つまり

**ウ** A そして　B ところで

(4) ――③とありますが、どのような点が同じなのですか。二つに分けて、文中の言葉を使って説明しなさい。（各10点）

**4** 次の文章を読んで、あとの問いに答えなさい。

1 陸上《りくじょう》では、草食動物が捕食《ほしょく》者の肉食動物から身をまもるために群《む》れをつくっています。たとえばシマウマは、ライオンから身をまもるために群れをつくります。①シマウマの白と黒のもようは、一頭ずつみんなことなっています。このもようが群れることでかさなりあい、ライオンから見ると、どれがどれだかわからなくなり、ねらいがさだめにくくなるといいます。そのうえシマウマには強い足があるので、うかつに群れに近よろうものならライオンでもけりたおされてしまいます。

2 陸の草食動物が、肉食動物から身をまもるために群れをつくるように、海の中でもイワシやサンマ、アジ、サバが、捕食者のカツオやマグロ、ブリに食べられないように群れをつくります。

3 魚の体の色は、まわりの海の色とおなじような色をしていて、イワシやサンマなど海面近くを泳ぐ魚は、背中《せなか》が海の色に近い青緑色で、おなかが銀白色《ぎんはくしょく》をしていて、種《しゅ》によってみなおなじもようをしています。そのため、②かたまることにより一ぴきの大きな魚に見えたり、どれがどれだかわからなくなったりします。それに広い海ではばらばらにちらばっているよりひとかたまりになったほうが見つかりにくくなります。それでも見つかったら、今度はいっせいにちらばるのでどれをつかまえたらいいのかわからなくなります。

(1) ――①とありますが、これにはどのような効果《こうか》があるのですか。次の文の□にあてはまる言葉をそれぞれ文中から書きぬきなさい。（各5点）

群《む》れたときに□□□がさだめにくくなり、肉食動物から自分たちの□□□□□ことにつながる効果。

(2) ――②とありますが、それはなぜですか。文中の言葉を使って二十字以内《いない》で説明《せつめい》しなさい。（10点）

イワシやサンマが、□□□□□□□□□□□□□□□□□□□□から。

(5) 理科の□□《じっけん》をする。

(6) □□《ぎょぎょう》を営《いとな》む。

(7) □□《ひっし》に勉強する。

(8) 食品を□□《かねつ》する。

(9) 節度を守る。（　　　）

(10) 好天にめぐまれる。（　　　）

---

**3** 次の各組《かくくみ》の――の言葉を漢字で書きなさい。（両方できて各5点）

(1)
- **ア** きかん限定《げんてい》の商品を買う。　□
- **イ** 消化きかんの病気を治《なお》す。　□

(2)
- **ア** 服に絵の具がつくとこまる。　□
- **イ** 十時には家につくだろう。　□

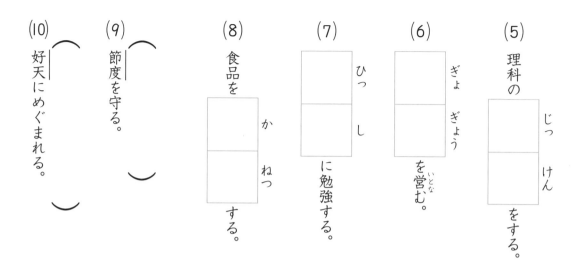

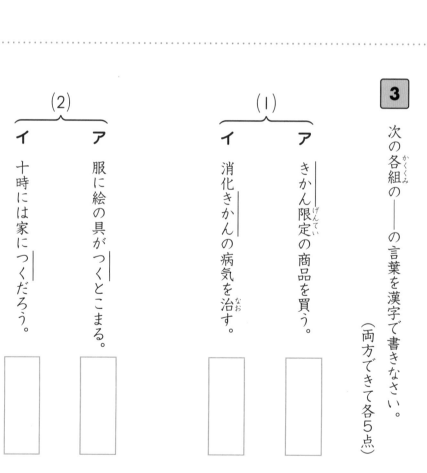

国語

# 1 かくにんテスト

学習日　月　日

得点　／100点

**1** □には漢字を書きなさい。また、（　）には ― を引いた漢字の読みがなを書きなさい。（各2点）

(1) うれしい□□《けっか》が出る。

(2) □□《てんねん》のうなぎを食べる。

(3) 政治《せいじ》に□□《かんしん》をもつ。

(4) ありの□□《たいぐん》が通る。

**2** 次の文の（　）にあう言葉を一つずつ選《えら》び、○でかこみなさい。（各5点）

(1) 気が（利《き》く・聞く）ね、とほめられた。

(2) 窓《まど》の外からあたたかい太陽の光が（差《さ》す・指す）。

(3) 落とし物が持ち主の手元に（返る・帰る）。

(4) 家に帰って来てドアを（開ける・空ける）。

Z 会グレードアップ問題集　全科テスト　小学4年

初版第 1 刷発行 ………… 2021 年 6 月 20 日
初版第 2 刷発行 ………… 2022 年 3 月 10 日
編　者………………………… Z 会編集部
発行人………………………… 藤井孝昭
発　行………………………… Z 会
〒 411-0033　静岡県三島市文教町 1-9-11
【販売部門：書籍の乱丁・落丁・返品・交換・注文】
TEL 055-976-9095
【書籍の内容に関するお問い合わせ】
https://www.zkai.co.jp/books/contact/
【ホームページ】
https://www.zkai.co.jp/books/

編集協力…………………… 株式会社 エディット
DTP 組版 ………………… ホウユウ 株式会社
デザイン…………………… ステラデザイン
イラスト・図版…………… 神谷菜穂子／今田貴之進／モリアート
写真提供…………………… PIXTA（ピクスタ）/HP：木々の移ろい／photolibrary ／ ShutterStock
装　丁……………………… Concent, Inc.
印刷・製本………………… シナノ書籍印刷 株式会社



ISBN978-4-86290-337-2 C6081

Z-KAI

かっこいい小学生になろう

# Z会グレードアップ問題集
# 全科テスト

国語　算数　理科　社会

小学
4年

## 解答・解説

# 解答・解説の使い方

この冊子では，問題の答えとともに，考え方の道筋や押さえておきたい重要事項を掲載しています。問題に取り組む際や○をつける際にお読みいただき，お子さまの取り組みをあたたかくサポートしてあげてください。

**ステップ１**

「答え」では，正解を示しています。
記述問題の解答は，（例）を示しています。

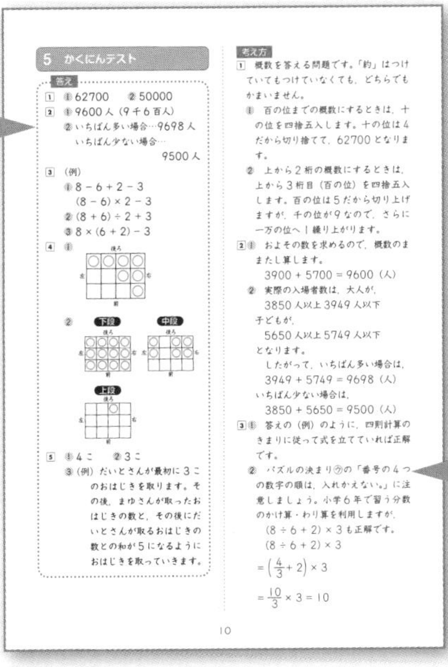

5　かくにんテスト

答え

1　① 62700　② 50000

2　① 9600人（9千6百人）
② いちばん多い場合…9698人
いちばん少ない場合…9500人

3　（例）
① 8 − 6 + 2 − 3
(8 − 6) × 2 − 3
② (8 + 6) ÷ 2 + 3
③ 8 × (6 + 2) − 3

4　①

②　下段　中段

上段

5　① 4こ　② 3こ
③（例）だいとさんが最初に3このおはじきを取ります。その後，まゆさんが取ったおはじきの数と，その後にだいとさんが取るおはじきの数との和が5になるようにおはじきを取っていきます。

考え方

1　概数を答える問題です。「約」はつけていてもつけていなくても，どちらでもかまいません。
①　百の位までの概数にするときは，十の位を四捨五入します。十の位は4だから切り捨てて，62700となります。
②　上から2桁の概数にするときは，上から3桁目（百の位）を四捨五入します。百の位は5だから切り上げますが，千の位が9なので，さらに一万の位へ1繰り上がります。

2 ①　およその数を求めるので，概数のまたし算します。
3900 + 5700 = 9600（人）
②　実際の入場者数は，大人が，
3850人以上3949人以下
子どもが，
5650人以上5749人以下
となります。
したがって，いちばん多い場合は，
3949 + 5749 = 9698（人）
いちばん少ない場合は，
3850 + 5650 = 9500（人）

3 ①　答えの（例）のように，四則計算のきまりに従って式を立てていれば正解です。
②　パズルの決まり㋒の「番号の4つの数字の順は，入れかえない。」に注意しましょう。小学6年で習う分数のかけ算・わり算を利用しますが，
(8 ÷ 6 + 2) × 3も正解です。
(8 ÷ 6 + 2) × 3
$= \left(\frac{4}{3} + 2\right) \times 3$
$= \frac{10}{3} \times 3 = 10$

10

**ステップ２**

「考え方」では，それぞれの問題のポイントや考え方の道筋，学習アドバイスを示しています。
記述問題では，まるつけのためのポイントも示しています。

★本テストでは，教科書よりも難しい問題を出題しています。お子さまが正解した場合は，いつも以上にほめてあげて，お子さまのやる気をさらにひきだしてあげてください。

★23ページに，各教科の単元一覧を掲載していますので，テスト前の確認やテスト後の復習の際にご参照ください。

★まちがえた問題は，「考え方」をご確認いただくとともに，復習の際は，教科書や『Z会グレードアップ問題集』（別売り）などをご活用ください。

# 目次

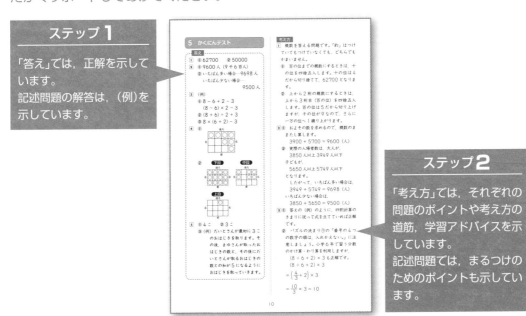

# 1 かくにんテスト

**答え**

1 ①15あまり2 ②72
③208あまり1

2 ① ②

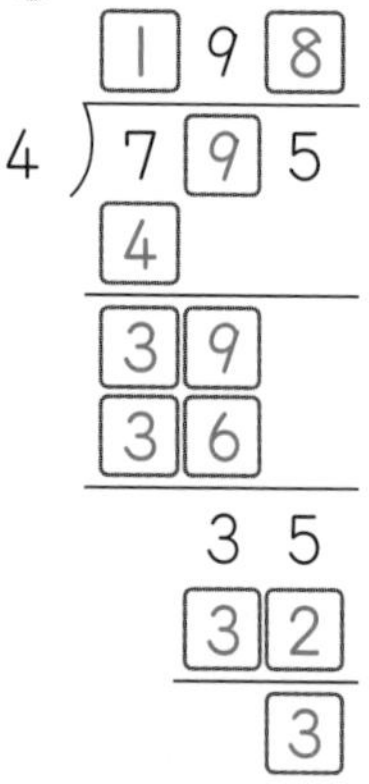


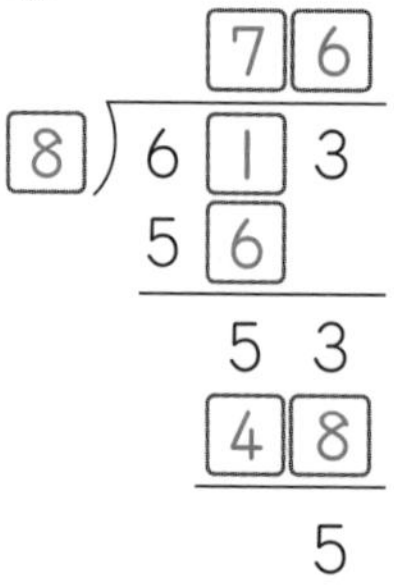


3 ①㋐…8，㋑…90
②41こ
③お茶…200本，水…40本

4 ①台形 ②平行四辺形 ③ひし形

5 ①3まい ②75時間

**考え方**

2 ① 右の筆算で，㋐は1，㋑は4，㋒は3です。
4 × 9 = 36より，㋓㋔は36，㋕は9です。
あとは，795 ÷ 4の筆算です。

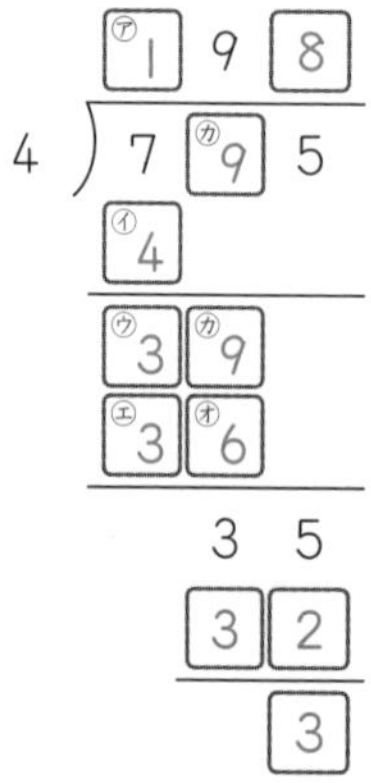


② 右の筆算で，㋐㋑は，53 − 5 = 48と求められます。
よって，
㋒×㋓= 48で，
6 × 8 = 48より，
㋒は6か8であることがわかりますが，わられる数の百の位が6で，商が2桁のため，㋒は8，㋓は6と求められます。
8 × 7 = 56より，㋔は7，㋕は6で，56 + 5 = 61より，㋖は1です。

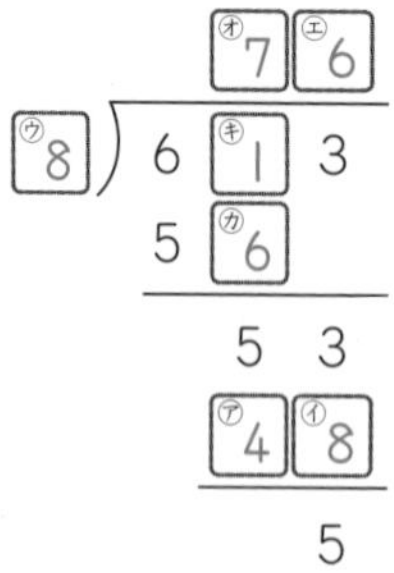


3 線分図で問題の条件を表すことを確認します。線分図をかかなくても②の答えを求められるかもしれませんが，線分図をかくことで情報を整理することができるため，間違えにくくなります。

条件がより複雑な問題になってくると，線分図がよりいっそう役立ちます。線分図はいろいろなかき方がありますので，線分図が正しいかどうかではなく，正しく考えられているかどうかに注意するとよいでしょう。

② 白組が入れた玉の数から8をひくと，赤組が入れた玉の数と等しくなることが線分図から読み取れます。このことから，90 − 8 = 82（個）が赤組が入れた玉の数の2倍になることがわかります。

よって，赤組が入れた玉の数は，
82 ÷ 2 = 41（個）
と求められます。

③ 自分で線分図をかけるようにするとよいでしょう。線分図をかくことで，水の本数を240 ÷ 5 = 48より48本とするような間違いを避けられます。
①の線分図にならって，お茶の本数と水の本数を表す線を上下に並べてかき，「5倍」という条件を線の長さで表すと次のような線分図になります。

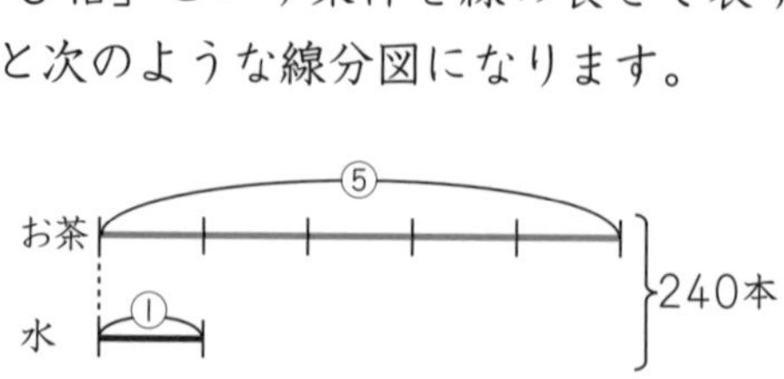

4 1　1組の辺が平行である四角形のことを「台形」といいます。

2　問題文の指示を一つひとつ確認しながら図をかきます。

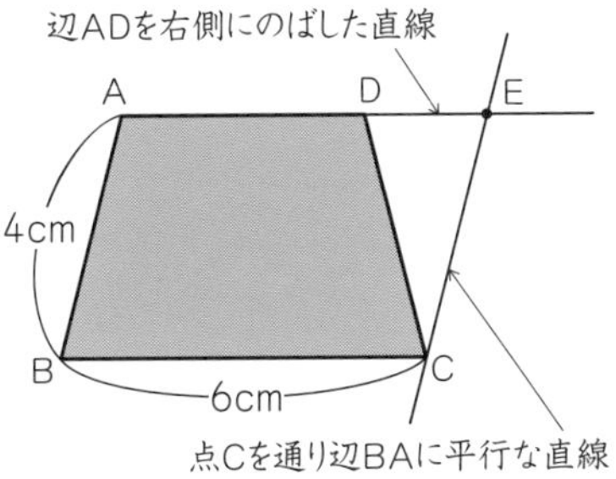


四角形ABCEは，辺AEと辺BCが平行で，辺ABと辺ECも平行です。2組の辺が平行で，辺ABの長さが4cm，辺BCの長さが6cmより，四角形ABCEは「平行四辺形」です。

3　四角形ABFDは，辺ADと辺BFが平行で，辺ABと辺DFも平行です。また，辺ABと辺ADがどちらも4cmで，平行四辺形の向かい合った辺の長さは等しいので，辺BFと辺DFも4cmです。

よって，四角形ABFDの4辺の長さがすべて等しいので，四角形ABFDは「ひし形」です。

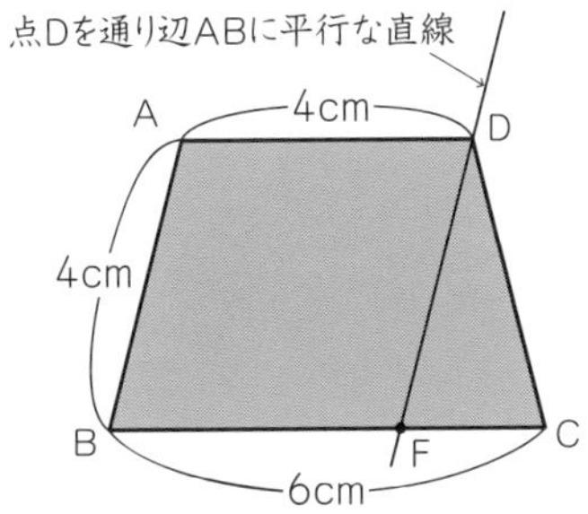


5　身近な情報機器で使われているデータの大きさを表す単位を題材に取り上げています。パソコンやスマートフォン，ブルーレイレコーダーなど，使う目的が異なるようにみえる機器にMB（メガバイト）やGB（ギガバイト）などの同じ単位が使われていることについて，お子さまが不思議に思うこともあるかもしれません。

CDやDVD，ブルーレイディスクのパッケージには「700 MB」「4.7 GB」「25 GB」などのデータの大きさが書かれています。お子さまがそれに気づくようでしたら，よく見ているねとほめてあげてください。日常生活と算数との関わりを実感できることで，算数への興味が増すことでしょう。

1　パソコンに保存されている写真のデータの大きさは，2 × 7000 = 14000（MB）

14000 MB = 14 GBです。1枚のDVDに保存できるデータの大きさは4.7 GBであることから，

4.7 × 1 = 4.7，4.7 × 2 = 9.4，4.7 × 3 = 14.1

より，DVD 3枚でデータの大きさが14 GBより大きくなり，3枚用意すればよいことがわかります。

なお，4.7 GB = 4700 MBより，MBにそろえて求めることもできます。

14000 ÷ 4700 = 2あまり4600

より，DVD 2枚では4600 MB足りないので，3枚用意するとよいことになります。

2　レコーダーに録画できるデータの大きさは，2 − 1.4 = 0.6（TB）で，1 TB = 1000 GBであることから，

0.6 TB = 600 GB

1時間の番組のデータの大きさは8 GBのため，

600 ÷ 8 = 75

より，75時間録画できます。

## 2 かくにんテスト

**答え**

**1** ①640 ②18 ③72 ④10

**2** ①185 ②1400 ③4653
④3570 ⑤90 ⑥73000

**3** ①8人 ②4人 ③23回

**4** ①45° ②90°

**5** ①300 ②7 ③60000000
④800, 80000

**6** ①308cm² ②493cm²

**考え方**

**1** 四則の混じった式では，(1)かっこの中，(2)かけ算・わり算，(3)たし算・ひき算の順に計算します。計算間違いをしてしまった場合は，途中式や筆算を書かせて，どこで間違えたかを確認させるようにしましょう。

**2** ① $36+85+64$
$=36+64+85=100+85$
$=185$

② $56\times25=14\times4\times25$
$=14\times100=1400$

③ $99\times47=(100-1)\times47$
$=100\times47-1\times47$
$=4700-47=4653$

④ $102\times35=(100+2)\times35$
$=100\times35+2\times35$
$=3500+70=3570$

⑤ $18\times74-18\times69$
$=18\times(74-69)$
$=18\times5=90$

⑥ $730\times7+730\times93$
$=730\times(7+93)$
$=730\times100=73000$

**3** 合計点ごとにボールをどの的に何回当てているかと，その人数を表にまとめると次のようになります。合計点が3点だった人は，「1点の的に3回当たった」，「3点の的に1回当たった」の2つの場合が考えられることがポイントになります。

| 合計点 | 人数 | 1人が当てた回数 | | 的に当たった回数（人数×回数） | |
|---|---|---|---|---|---|
| | | 1点 | 3点 | 1点 | 3点 |
| 0 | 1 | 0 | 0 | 0 | 0 |
| 1 | 1 | 1 | 0 | 1 | 0 |
| 2 | 3 | 2 | 0 | 6 | 0 |
| 3 | ㋒ | 3 | 0 | ㋓ | 0 |
| | ㋑ | 0 | 1 | 0 | ㋐ |
| 4 | 5 | 1 | 1 | 5 | 5 |
| 5 | 4 | 2 | 1 | 8 | 4 |
| 6 | 2 | 0 | 2 | 0 | 4 |
| 7 | 2 | 1 | 2 | 2 | 4 |
| 9 | 1 | 0 | 3 | 0 | 3 |
| 的に当たった回数の合計 | | | | ㋔ | 24 |

① 1点の的に当たった回数が1回の人は，合計点が1点か4点か7点になります。合計点が1点の人数は1人，合計点が4点の人数は5人，合計点が7点の人数は2人だから，全部で，
$1+5+2=8$（人）
です。

② 上の表で，3点の的にボールが当たった回数は合わせて24回のため，表の㋐の数は，
$24-(5+4+4+4+3)$
$=4$（回）
よって，合計点が3点だった6人のうち，3点の的に1回当てた人（表の㋑）は4人です。

③ ②の結果から，表の
㋒は，$6-4=2$より2（人），
㋓は，$3\times2=6$より6（回），

㋔は，$1+6+6+5+8+2=28$ より 28（回）となります。

25 人が 3 回ずつボールを投げているので，投げた回数は全部で，

$3 \times 25 = 75$（回）

1 点の的に当たった回数が 28 回で，3 点の的に当たった回数が 24 回であることから，ボールが的に当たらなかった回数は，

$75-(28+24)=23$（回）

と求められます。

**4** 1　角㋐と角㋒の大きさの和は，下の図のように 2 つの三角形を並べると，三角定規と同じ形を見つけることができるので，45° だとわかります。

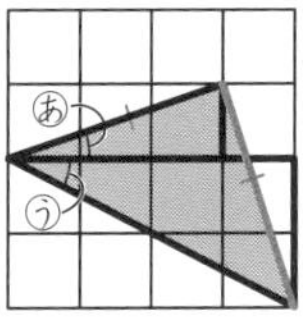


2　下の図のように，角㋑と角㋓の大きさの和も 45° になります。

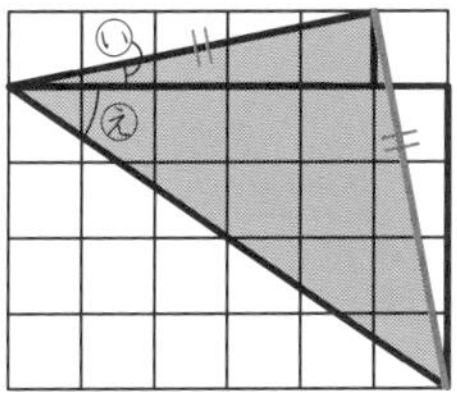


よって，4 つの角の大きさの和は，

$45^\circ + 45^\circ = 90^\circ$

**5**　面積の単位換算の問題です。理由もふくめて覚えられるとよいでしょう。

$1\text{m}^2 = 100 \times 100 = 10000\text{cm}^2$

$1\text{km}^2 = 1000 \times 1000$

$= 1000000\text{m}^2$

4　1ha は 1 辺が 100 m の正方形の面積，1a は 1 辺が 10 m の正方形の面積です。

$1\text{ha} = 100 \times 100 = 10000\text{m}^2$

$1\text{a} = 10 \times 10 = 100\text{m}^2$

**6** 1　長方形から中の正方形 2 つを取り除いて考えると，

$24 \times 15 - 6 \times 6 - 4 \times 4$

$= 360 - 36 - 16$

$= 308$（$\text{cm}^2$）

と求められます。

2　下の図のように，いくつかの長方形に分けて考えると，

$14 \times 20 + 12 \times 9 + 7 \times 15$

$= 280 + 108 + 105$

$= 493$（$\text{cm}^2$）

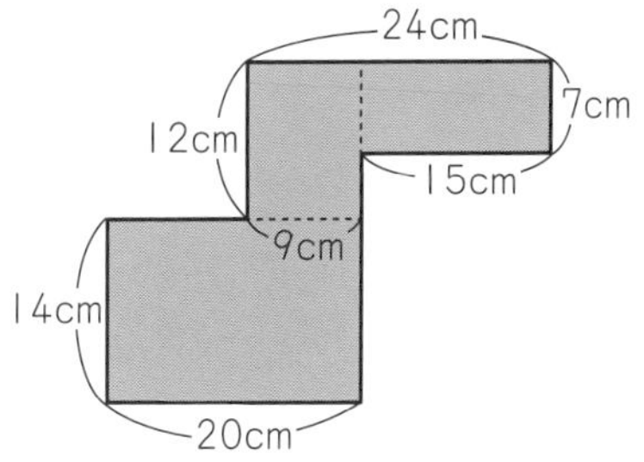


他にも，

$(12+14) \times (20+15)$

$\quad - 12 \times (20+15-24)$

$\quad - (12+14-7) \times 15$

$= 26 \times 35 - 12 \times 11 - 19 \times 15$

$= 910 - 132 - 285$

$= 493$（$\text{cm}^2$）

のように，大きい長方形から小さい長方形 2 つを取り除くと考えることもできます。

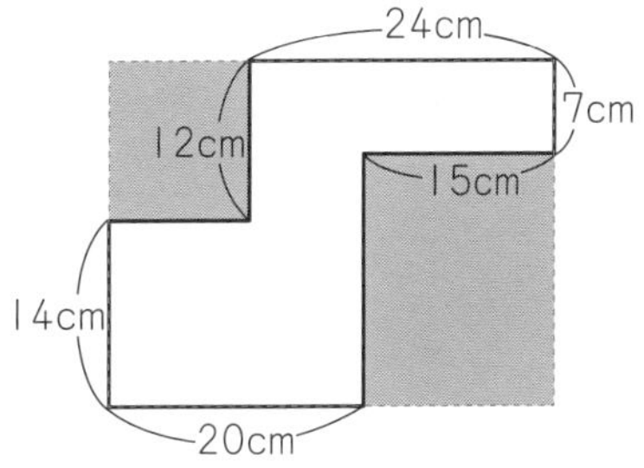

## 3　かくにんテスト

**答え**

**1**　① 12.05　② 3.133

**2**　① 91.2　② 43.07　③ 6.75
④ 0.062

**3**　① 12 通り　② 24 通り
③ 60 通り

**4**　三角形アウカ，三角形アウオ，
三角形イウオ

**5**　① 三角形クウオ　② 32$cm^2$

**6**　①

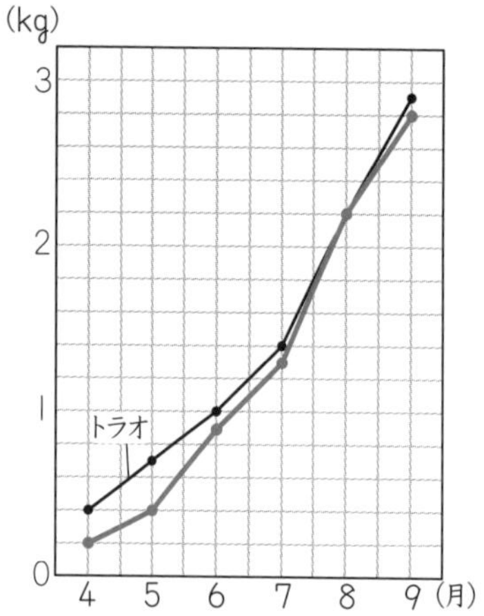


② 何月と何月の間…
7 月と 8 月の間
ふえた体重…800g
③ 6 月と 7 月の間

**考え方**

**1**　筆算で計算するときは，小数点の位置をそろえ，繰り上がり，繰り下がりに注意して計算します。

①
```
   1 1
   7.1 9
+  4.8 6
---------
 1 2.0 5
```

②
```
    1 9
  8.2 0 0
- 5.0 6 7
---------
  3.1 3 3
```

**2**　商が小数になるわり算や小数をわるわり算の筆算では，商の小数点はわられる数の小数点にそろえてつけます。

③
```
     6.7 5
1 6)1 0 8
      9 6
    -----
    1 2 0
    1 1 2
    -----
        8 0
        8 0
        ---
          0
```
わられる数の位に合わせて小数点をつけます。

④
```
   0.0 6 2
9)0.5 5 8
     5 4
   -------
       1 8
       1 8
       ---
         0
```
商が立たない位に 0 を書き，小数点をつけます。

**3** ①　2 色を選ぶ組み合わせは，
(赤，青)(赤，黄)(赤，緑)
(青，黄)(青，緑)(黄，緑)
の 6 通りです。

たとえば，(赤，青) の組み合わせでは，「丸の部分が赤で外側が青」と「丸の部分が青で外側が赤」の 2 通りの旗を作ることができます。

よって，2 色を選ぶ組み合わせそれぞれについて 2 通りの作り方があるので，全部で，

$2 \times 6 = 12$ (通り)

②　右の図のように(あ)(い)(う)(え)とし，(あ)から順に色を選ぶとすると，(あ)の色の選び方は赤，青，黄，緑の 4 通り，(い)の色の選び方は(あ)で使わなかった残り 3 色の 3 通り，(う)の色の選び方は(あ)(い)

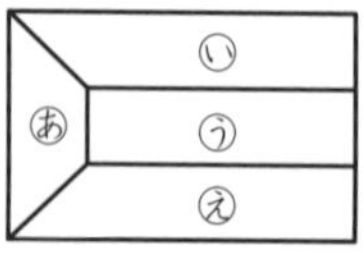

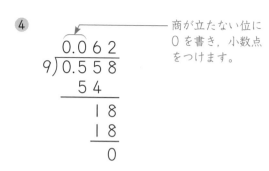

で使わなかった残り２色の２通り，(え)の色は残った１色で１通りです。そして，(あ)の４通りそれぞれについて(い)の３通りがあり，さらに(う)の２通り，(え)の１通りがあるので，作り方は全部で，

４×３×２×１＝24（通り）

③　３色を選ぶ組み合わせは，

（赤，青，黄）（赤，青，緑）
（赤，青，黒）（赤，黄，緑）
（赤，黄，黒）（赤，緑，黒）
（青，黄，緑）（青，黄，黒）
（青，緑，黒）（黄，緑，黒）

の10通りです。

㋐と㋑に同じ色を使うので，３つの部分を塗り分けるのと同じ考え方になります。３つの部分の塗り分け方は，

３×２×１＝６（通り）

なので，作り方は全部で，

６×10＝60（通り）

[4]　等積変形をテーマにした問題です。三角形の１つの頂点を向かい合った辺に対して平行に動かしても，三角形の面積は変わりません。

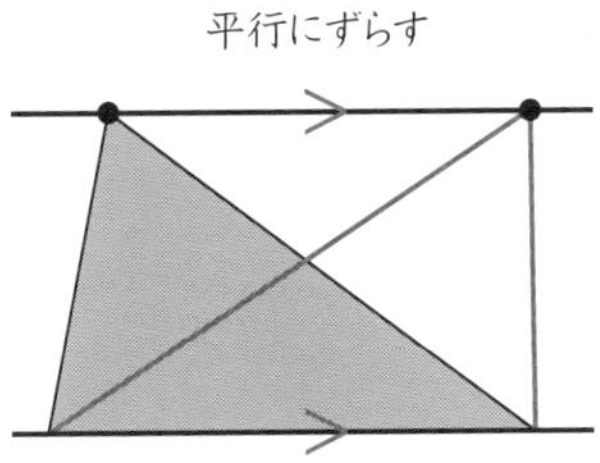


三角形**アウカ**は，三角形**アイカ**の頂点**イ**を辺**アカ**と平行に**イ**から**ウ**まで動かした形なので，三角形**アイカ**と三角形**アウカ**の面積は同じです。

三角形**アウオ**は，三角形**アウカ**の頂点**カ**を辺**アウ**と平行に**カ**から**オ**まで動かした形なので，三角形**アウカ**と三角形**アウオ**の面積は同じです。

三角形**イウオ**は，三角形**アウオ**の頂点**ア**を辺**ウオ**と平行に**ア**から**イ**まで動かした形なので，三角形**アウオ**と三角形**イウオ**の面積は同じです。

また，三角形の頂点の順が違っていても同じ三角形であれば問題ありません。たとえば，「三角形**アウカ**」は「三角形**アカウ**」「三角形**ウカア**」などと答えていても問題ありません。

[5]　[4]と同じく等積変形をテーマにした問題です。

①　三角形**クウケ**は，三角形**アウケ**の頂点**ア**を辺**ウケ**と平行に**ア**から**ク**まで動かした形なので，三角形**クウケ**と三角形**アウケ**の面積は同じです。

よって，三角形**クウケ**から三角形**オウケ**を除いた図形（三角形**クウオ**）と，三角形**アウケ**から三角形**オウケ**を除いた図形（三角形**アオケ**）の面積が同じです。

②　三角形**クウオ**は，底辺８cm，高さ８cmの三角形であるから，面積は，

$8 \times 8 \div 2 = 32$（$cm^2$）

であり，①より三角形**クウオ**と三角形**アオケ**の面積は等しいので，三角形**アオケ**の面積は32$cm^2$です。

[6]②　トラオのグラフで，右上がりの傾きがいちばん急になっているところです。７月と８月の間が４目盛り分で，体重がいちばん増えています。１目盛りは200gを表すので，増えた体重は，200×４＝800（g）です。なお，グラフの単位はkgなので，単位換算に注意できるとよいでしょう。

③　体重の増え方が同じであれば，２つのグラフは平行になります。１か月の間でグラフが平行になっているところは６月と７月の間です。

## 4 かくにんテスト

**答え**

**1** ① 10 ② $1\frac{7}{8}$ ③ $8\frac{5}{9}$ ④ $1\frac{5}{13}$

**2** ① $\frac{4}{11}$ ② $\frac{5}{17}$

**3** ① 2 ② 5 ③ 100 ④ 250

**4** ① 図2 

図3 

② 図4 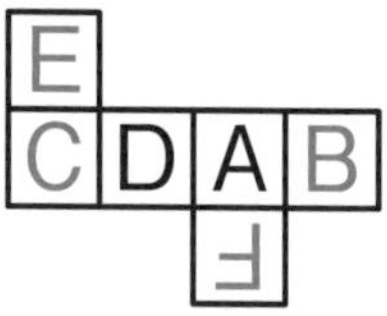


図5 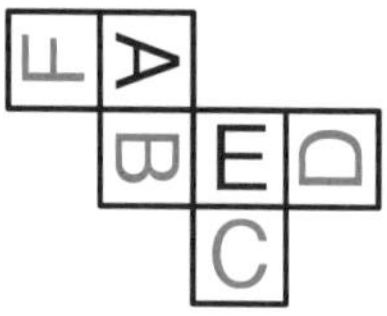


**5** ① 7きゃく ② 80人

**考え方**

**1** ④ $7\frac{4}{13}-4\frac{8}{13}+2\frac{7}{13}-3\frac{11}{13}$

$=2\frac{9}{13}+2\frac{7}{13}-3\frac{11}{13}$

$=5\frac{3}{13}-3\frac{11}{13}=1\frac{5}{13}$

のように左から順に計算してもよいですが，次のように計算の工夫をすることもできます。

$7\frac{4}{13}-4\frac{8}{13}+2\frac{7}{13}-3\frac{11}{13}$

$=7\frac{4}{13}+2\frac{7}{13}-3\frac{11}{13}-4\frac{8}{13}$

$=9\frac{11}{13}-3\frac{11}{13}-4\frac{8}{13}=1\frac{5}{13}$

**2** ② 分母がすべて同じ数なので，分子の数だけ考えてもよいでしょう。

14 −□＋6＝15

の□は5になるので，答えは $\frac{5}{17}$ です。

**3** お子さまやご家族の誕生日でこのマジックを実際に試してみると計算の仕組みが理解しやすくなります。最後に出てきた3桁または4桁の数が，生まれた月の数の100倍に生まれた日の数をたした数となり，千の位と百の位に生まれた月の数が，十の位と一の位に生まれた日の数が並んでいることを確認しましょう。

**4** 難しい場合は，展開図を紙に写しとって実際に立体を組み立てて確認するとよいでしょう。

① 図1の展開図でFの面を底面とすると，A，B，C，Dの面が側面になることに注目しましょう。

図2のA，Dの両方の面に隣り合う面はEの面とFの面であり，AとDの文字の上側にあることから，あいている面はEの面だとわかります。あとは，Aの文字の上側とEの文字の上側が隣り合うことに注意しましょう。

図3のB，Cの両方の面に隣り合う面はEの面とFの面であり，BとCの文字の下側にあることから，あいている面はFの面だとわかります。あとは，Bの文字の下側とFの文字の左側が隣り合うことに注意しましょう。

② 図1の展開図と図4，図5の展開図を見比べながら考えてみましょう。図4のDの面の左側がCの面になり，Aの面の右側がBの面になります。そして，Cの面の上側がEの面になり，Aの面の下側がFの面になります。あとは，Eの文字の下側とCの文

字の上側が隣り合うこと，Ｆの文字の下側とＡの文字の下側が隣り合うことに注意しましょう。

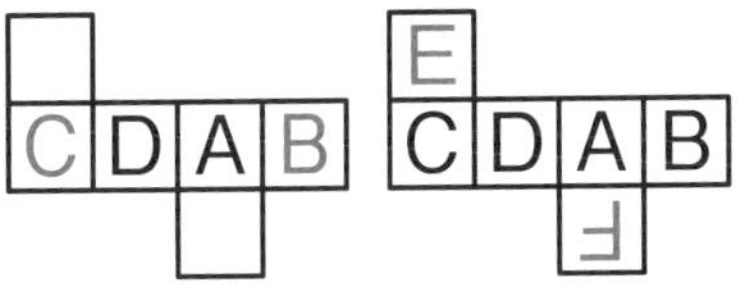


図５は，Ｅの面に隣り合う面はＡ，Ｂ，Ｃ，Ｄの面であり，Ｅの文字との位置関係を調べることで，Ｂ，Ｃ，Ｄの面が決まります。そして，Ａの文字の下側とＦの文字の下側が隣り合うことに注意しましょう。

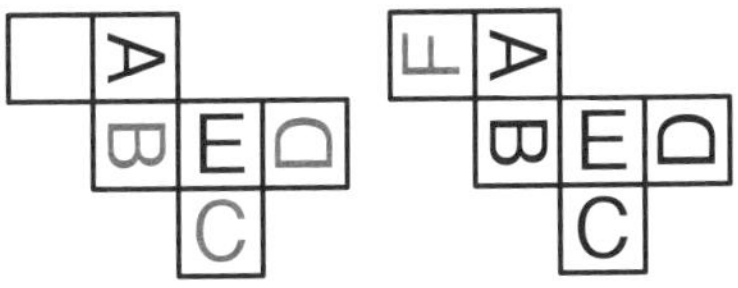


**5** 面積図を使って考える問題です。面積図では，長いすの数を縦，１つの長いすに座る人数を横として，お客さんの人数を長方形の面積で表しています。お子さま自身で面積図をかくことで，問題文で与えられた条件を整理する力が身につき，複雑な文章題を解く有力な手段となります。また，文章だけでなく図も用いることで，自分の考え方を説明するときにも役立ちます。

**1** 次の図で，太線の長方形の面積（㋐＋㋑）がお客さんの人数を表しています。また，㋑の17人は１つの長いすに９人ずつ座るときに席が足りなくて座れない人数を表し，㋒の４人は１つの長いすに12人ずつ座るときに空いている席の数を表しています。

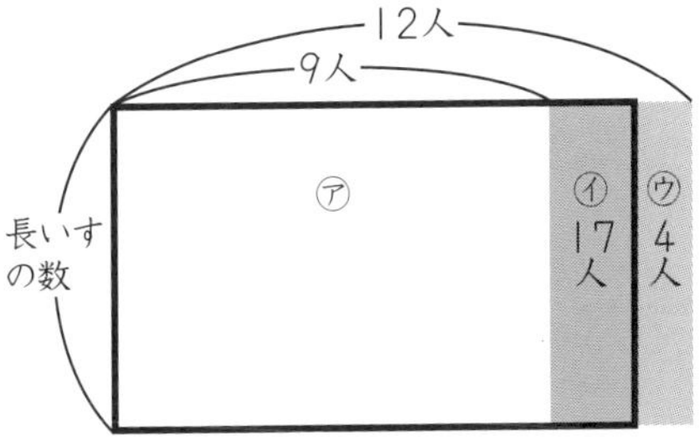


図の色が塗られた長方形の面積（㋑＋㋒）に注目すると，この長方形の面積は，

17＋4＝21（人）

であり，長方形の横は，

12－9＝3（人）

であるから，この長方形の縦（長いすの数）は，

21÷3＝7（きゃく）

と求めることができます。

**2** １つの長いすに９人ずつ座ると17人が座れないので，お客さんの数は，

9×7＋17＝80（人）

と求めることができます。

１つの長いすに12人ずつ座ると４人分の空いた席ができることから，

12×7－4＝80（人）

と求めてもよいでしょう。

## 5　かくにんテスト

**答え**

**1**　① 62700　② 50000

**2**　① 9600人（9千6百人）

② いちばん多い場合…9698人
いちばん少ない場合…
9500人

**3**　（例）

① 8 − 6 + 2 − 3
(8 − 6) × 2 − 3

② (8 + 6) ÷ 2 + 3

③ 8 × (6 + 2) − 3

**4**　①

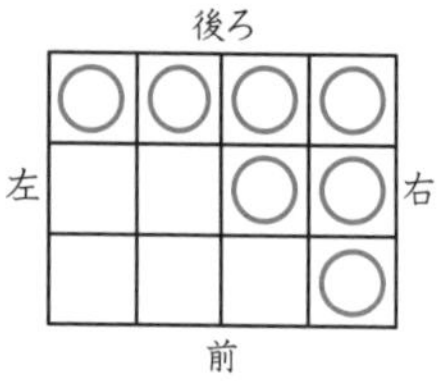


②

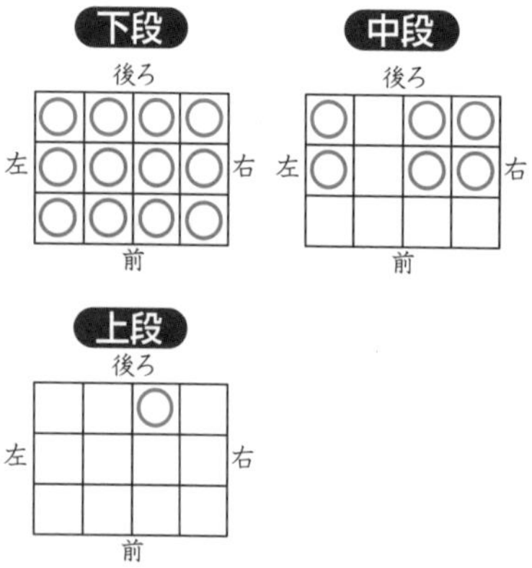


**5**　① 4こ　② 3こ

③（例）だいとさんが最初に3このおはじきを取ります。その後，まゆさんが取ったおはじきの数と，その後にだいとさんが取るおはじきの数との和が5になるようにおはじきを取っていきます。

**考え方**

**1**　概数を答える問題です。「約」はつけていてもつけていなくても，どちらでもかまいません。

① 百の位までの概数にするときは，十の位を四捨五入します。十の位は4だから切り捨てて，62700となります。

② 上から2桁の概数にするときは，上から3桁目（百の位）を四捨五入します。百の位は5だから切り上げますが，千の位が9なので，さらに一万の位へ1繰り上がります。

**2** ① およその数を求めるので，概数のまたし算します。

3900 + 5700 = 9600（人）

② 実際の入場者数は，大人が，

3850人以上3949人以下

子どもが，

5650人以上5749人以下

となります。

したがって，いちばん多い場合は，

3949 + 5749 = 9698（人）

いちばん少ない場合は，

3850 + 5650 = 9500（人）

**3** ① 答えの（例）のように，四則計算のきまりに従って式を立てていれば正解です。

② パズルの決まり㋒の「番号の4つの数字の順は，入れかえない。」に注意しましょう。小学6年で習う分数のかけ算・わり算を利用しますが，

(8 ÷ 6 + 2) × 3も正解です。

$$(8 \div 6 + 2) \times 3$$
$$= \left(\frac{4}{3} + 2\right) \times 3$$
$$= \frac{10}{3} \times 3 = 10$$

3　かけ算，たし算をすると計算した結果の数が大きくなるので，できるだけ大きな数どうしをかけて，ひく数を小さくするように考えます。

**4** 1　この立体を上から見たとき，**図ア**で色をつけた面が見えます。面が見える位置は**図イ**のようになります。

**図ア**

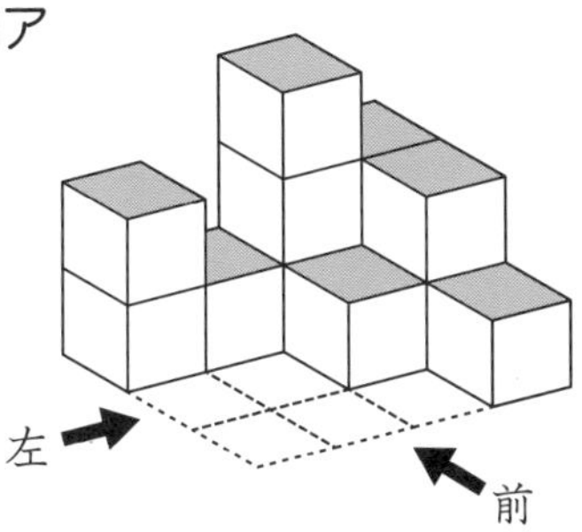


**図イ**

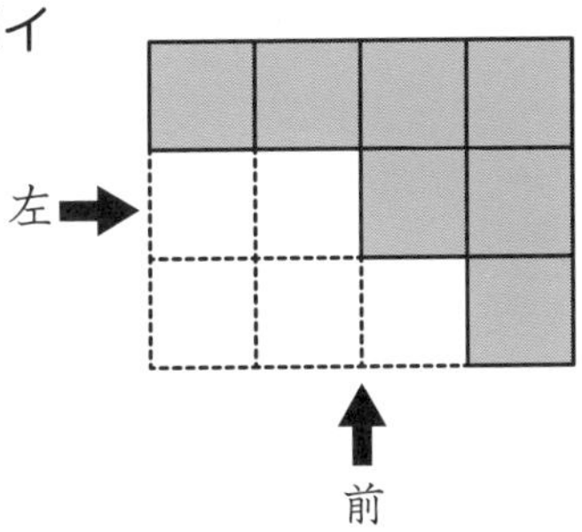


2　下の図のように，全部で，

　12 ＋ 6 ＋ 1 ＝ 19（個）

置いたときがいちばん多くなります。

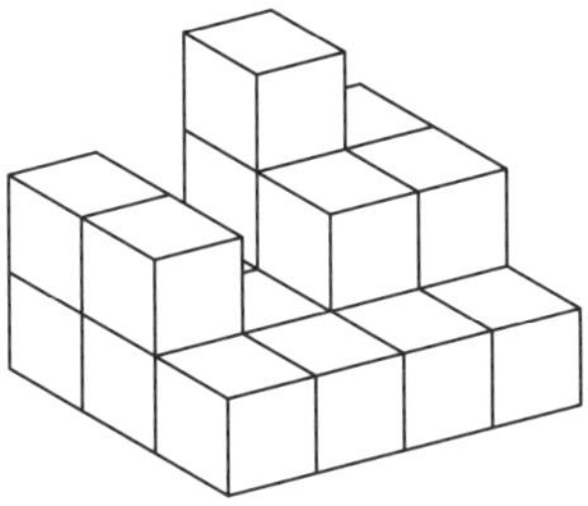

**5** 1　まゆさん，だいとさんは3回ずつおはじきを取り合っていて，まゆさんが4回目に取る前に残っているおはじきの数は，

　28 －（1 ＋ 3 ＋ 4 ＋ 4 ＋ 3 ＋ 4）

＝ 9（個）

になっています。このあと，まゆさんが4回目に4個取って残りを5個にすると，まゆさんは必ず勝てます。

　だいとさんが4回目に1個取ると残りは4個，だいとさんが4回目に2個取ると残りは3個，だいとさんが4回目に3個取ると残りは2個，だいとさんが4回目に4個取ると残りは1個となり，だいとさんが1～4個のどの数のおはじきを取ったとしてもまゆさんが最後におはじきを取ることができます。

2　だいとさんが先に3個取り，残りのおはじきを25個にします。

　次にまゆさんがおはじきを取ったあと，だいとさんは残りのおはじきが20個になるようにおはじきを取ります。だいとさんは残りのおはじきが15個，10個，5個になるようにおはじきを取れば必ず勝つことができます。

　このようにするには，まゆさんとだいとさんが取るおはじきの数の和がいつも5個になるようにすればよく，これを繰り返すと，だいとさんが取ったあとの残りのおはじきの数は15個，10個，5個になり，だいとさんは必ず勝つことができます。

3　2の考え方のように，最初にだいとさんが3個取って残りのおはじきが25個になるようにして，そのあと，まゆさんとだいとさんが取るおはじきの数の和が5個になるようにすることを書いていれば正解です。

## 1 かくにんテスト

**答え**

[1] ① (え)→(い)→(あ)→(う)　② **エ**
③ **イ**　④ **イ**

[2] ① **イ**　② **ウ**
③ **エ**　④ **イ**

[3] ① **ア**
② 空気：**イ**　水：**ア**
③（例）空気にはおしちぢめられたあと元にもどろうとする力がはたらくが，水はおしちぢめられないから。
④ **イ**

[4] ① **ア**
② 福岡
③ (あ) **イ**　(い) **ア**

**考え方**

[1]② ヘチマやアサガオのように，つるを伸ばしながら成長する植物をつる植物といいます。

③ ウリ科の植物であるヒョウタンやヘチマ，カボチャなどの花は，雄花と雌花に分かれています。雌花は花弁・がくの下に子房があります。この子房がふくらんで実となります。

④ サクラは，芽をつけた状態で冬越しします。この芽は，春に花や葉に成長します。**ア**はアジサイ，**ウ**はハクモクレンの冬芽です。

[2]① オニヤンマは水中に卵を産み，幼虫（やご）は，成虫とは違う形をしています。

② オオカマキリは，バッタやチョウなどの昆虫を食べています。

③ 昆虫には，コオロギなどのようにさなぎにならないものと，カブトムシなどのようにさなぎになるものがいます。卵→幼虫→成虫の順に育つ育ち方を不完全変態《ふかんぜんへんたい》，卵→幼虫→さなぎ→成虫の順に育つ育ち方を完全変態といいます。

④ オオカマキリは卵のすがたで，カブトムシやアブラゼミは幼虫のすがたで，ナナホシテントウは成虫のすがたで冬を越します。

[3]①～③ 空気は押し縮められたあと元に戻ろうとする力が働きますが，水は力を加えても押し縮められません。③では，この点が書けていれば正解です。

④ タイヤやボールには，押し縮められた空気が閉じ込められており，空気が元の体積に戻ろうとする性質を利用しています。熱気球は空気をあたためると体積が大きくなるという性質を，リコーダーは空気を振動させると音が出るという性質を利用しています。

[4]① それぞれの最低気温と最高気温の差をグラフの**ア**～**ウ**から読み取ります。**ア**はおよそ7℃の差が，**イ**はおよそ3℃の差が，**ウ**はおよそ4℃の差があります。

② 晴れの日は，最高気温と最低気温の差が大きくなります。くもりや雨の日は晴れの日ほど差が大きくなりません。したがって，4月22日の天気が晴れとなっている福岡が正解です。

③ 日本の上空には，偏西風とよばれる風が吹いているため，雲は西から東へと動いていき，それに伴って天気も西から東へと変化していきます。

## 2　かくにんテスト

**答え**

1　1 **ア**　　2 関節

3 (例) からだの中の脳《のう》や肺《はい》や，心ぞうなどを守るはたらき。

4 **エ**

2　1 (例) 水が急にふっとうすることをふせぐため。

2 水じょう気　　3 湯気

4

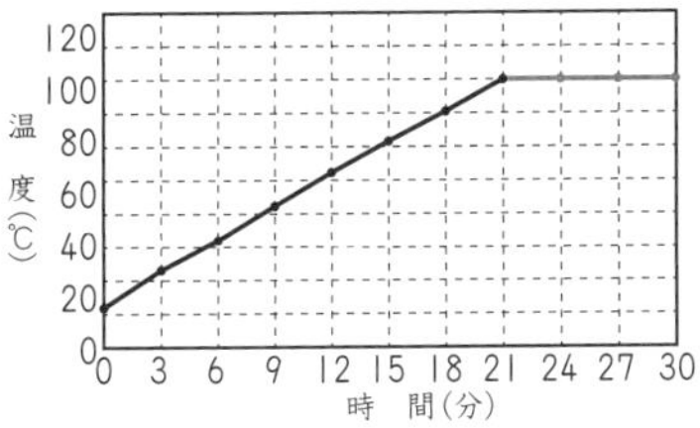


3　1 直列つなぎ

2 ③　　3 ⑤

4 (例)

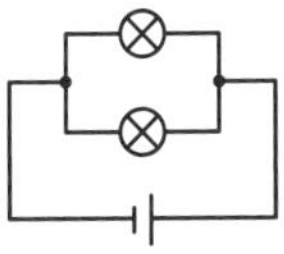

5 **ウ**　　6 **ア**

**考え方**

1 1　腕を曲げるときは，腕の内側の筋肉が縮み，外側の筋肉がゆるみます。

3　骨には，体を支える働き以外にも，内臓や脳，心臓などを保護する働き，関節を使って運動を行う働き，血液を作る働きなどがあります。どれか1点を書けていれば正解です。

4　あしのつくりに着目することで，ウサギであることがわかります。

2 1　沸騰石は水が突然沸騰することを防ぐために入れます。このことが書かれていれば正解です。

2・3　水の中から出てくる大きな泡は気体の水蒸気です。この状態を沸騰といいます。図3の，フラスコの口のすぐ近くの見えない部分は水蒸気で，白い煙のようなものは，水蒸気が冷やされて水滴になった湯気です。

4　水が沸騰している間の温度が100℃のままで変わらないのは，水が水蒸気に変わる際，熱が使われるためです。

3 1　④の豆電球は直列つなぎ，⑤の豆電球は並列つなぎです。

2　②と⑤の豆電球は①の豆電球と同じ明るさです。③の豆電球は①の2倍の電流が流れるため明るくなります。④の豆電球は①の $\frac{1}{2}$ 倍の電流が流れるため，暗くなります。

3　④の片方の豆電球をソケットからはずすと，そこで電気の通り道が切れるので，もう片方の豆電球も消えます。

4　豆電球が並列になっている回路がかけていれば正解です。

5，6　ブラックボックスの問題です。結果に示された場所に導線や豆電球をつないだ時に，豆電球に電気が流れる回路ができれば豆電球は光ります。5では，「いとえの間に導線をつなぐと，豆電球は光った」ことから，答えは**ウ**であることがわかります。6の**ア**～**エ**に豆電球A，Bをつないだときの豆電球の明るさは，次の表にようになります。

| | **ア** | | **イ** | | **ウ** | | **エ** | |
|---|---|---|---|---|---|---|---|---|
| | A | B | A | B | A | B | A | B |
| あとい | × | ○ | × | ○ | × | ○ | × | ○ |
| あとう | × | × | × | × | × | ○ | × | × |
| いとえ | × | × | × | × | × | × | × | ○ |
| うとえ | △ | △ | △ | △ | × | × | × | × |
| あとえ | × | ○ | △ | △ | △ | △ | × | × |
| いとう | △ | △ | × | ○ | × | × | △ | △ |

よって，答えは**ア**です。

## 3　かくにんテスト

**答え**

**1**　① オリオン座　② **イ**

③ 冬の大三角　④ **ウ**

**2**　① **イ**　② **イ**　③ **ア**

④

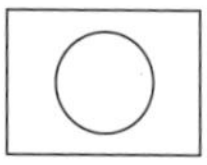

**3**　① 大きくなる　② **ウ**

③ **イ**　④ ㋐と㋓

**4**　① **ア**　② **エ**

③ (例) あたたかい空気は上に上がるせいしつによるもの。

**考え方**

**1** ①～③　こいぬ座のプロキオン，おおいぬ座のシリウス，オリオン座のベテルギウスの３つの１等星を結んだ三角形を冬の大三角といいます。

④　オリオン座は，太陽と同様に東から昇り，南の空を通って西に沈みます。２時間に30°ずつ西に動くため，東から昇ってきた時刻は午後２時頃とわかります。

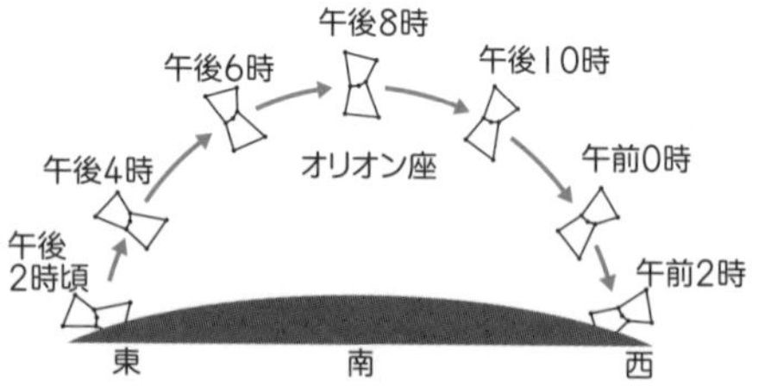


**2** ①・②　上弦の月は，図Aのように，正午ごろに東から昇り，午後６時頃に南の空を通り，真夜中に西に沈みます。

図A

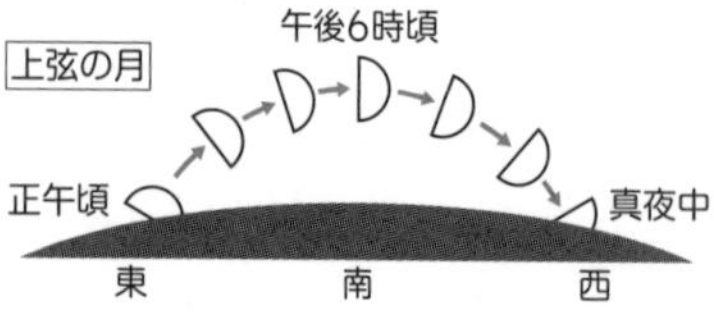


③　月の満ち欠けは，新月から約３日後に三日月，約７日後に上弦の月，約15日後に満月と変化していきます。

④　三日月や満月は図Bのような時間帯に観察できます。午後６時過ぎに昇ってくる月なので，満月がかけていれば正解です。

図B

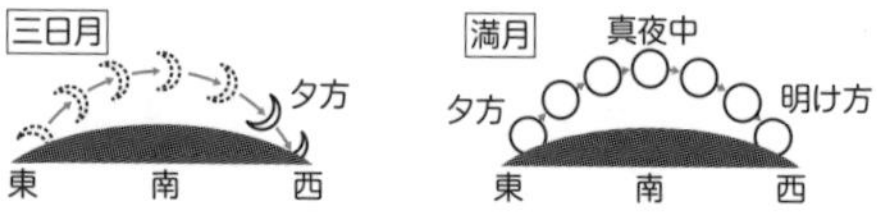


**3** ①　ほとんどの物質は，温度が下がると体積は小さくなりますが，水は４℃のとき体積が最も小さくなり，４℃以下になると体積が少し大きくなります。

②　固体，液体，気体と姿を変えると，体積は変わりますが重さは変わりません。

③・④　㋐は空気が冷やされ，体積が小さくなってピストンが下がり，㋓は実験２の中で最も高い温度で空気が温められて体積が最も大きくなるため，ピストンが㋑・㋒よりも上に上がります。

**4** ①　下のほうの水が温められて上のほうへ移動し，温められていない水が下に移動します。このように，水は移動しながら全体が温められます。

②　銅などの金属は木よりも熱を伝えやすいため，金属の上の水のほうが木の上の水よりも早く温められます。そのため，**エ**のように金属の板の上の水が上のほうへ移動します。

③　軽くなった暖かい空気は上に移動し，冷たい空気は下に移動します。このため，吹き出し口を上向きにすると，暖かい温風が部屋の高い位置にとどまり，部屋全体がなかなか暖まりません。

# 1 かくにんテスト

**答え**

1 ① 滋賀県　② 津　③ 兵庫県
④ 西　⑤ 熊野川　⑥ 紀伊山地
⑦ 琵琶湖　⑧ 3

2 1 秋田県，山形県，宮城県，
福島県，青森県（順不同）
2 ① 青森　② 秋田
③ **ア**　④ **ウ**　⑤ **イ**

3 1 **ア** ○　**イ** ×　**ウ** ○
**エ** ×　**オ** ×
2 ① 鹿児島　② 御用人
③ 家老　④ 徳川家重
⑤ 1755

**考え方**

1 ①　都道府県の境界線は，山地や川などの自然を利用していることが多いです。

②③　県庁所在地とは，県の政治がおこなわれる県庁がある都市のことです。三重県の県庁所在地は津市，滋賀県の県庁所在地は大津市，兵庫県の県庁所在地は神戸市です。三重県津市や滋賀県大津市のように県名と県庁所在地名がちがう都道府県もあれば，奈良県奈良市のように県と名前が同じ県庁所在地もあります。

④　地図上で左側は西の方角を指します。

⑤⑥　熊野川は三重県，奈良県，和歌山県の県境に沿って，南北に流れています。紀伊山地は三重県南部，奈良県南部，和歌山県北部にかけて東西にまたがっています。

⑦⑧　日本で最も広い面積の湖である琵琶湖の水は，瀬田川（滋賀県），宇治川（京都府），淀川（大阪府）など多くの支流をつたって，大阪湾へ流れていきます。

2 1　新潟県は中部地方，茨城県，栃木県，千葉県は関東地方です。

2　**ア**の写真はねぶた祭りで引かれる山車です。ねぶた祭りは青森県の夏祭りですが，現在は青森だけでなく，全国で地域の祭りとして広がりつつあります。**イ**の写真は仙台七夕祭りです。仙台七夕祭りは，昔の暦や季節感に合わせて，現在の暦に1か月を足した，8月6日から8日に開催されています。**ウ**の写真は竿灯祭りです。秋田県の夏祭りで，竿燈全体を稲の穂に，提灯を米俵に見立て，豊作を祈ります。

3 1 **ア**　説明文に「輪中は洪水や水害から地域を守るために」と書かれています。

**イ**　写真を見ると，輪中は川に沿った平野につくられていることがわかります。

**ウ**　写真の中心に田が広がっており，説明文から輪中は下流に作られていることがわかります。

**エ**　写真を見ると，2本の橋がかけられていることがわかります。

**オ**　説明文に「江戸時代につくられたものが多く」とあります。室町時代とは書かれていません。

2　資料2は濃尾平野の治水工事にたずさわった平田靱負を中心に書かれているので，「何年に」「何をやったのか」をおさえながら文章を読むことが大切です。

⑤は年代は書かれていませんが，1754年2月に工事が始まり，それから1年3か月後に治水工事が完成したと書かれていることから，1755年とわかります。

## 2 かくにんテスト

**答え**

[1] ❶ **ア** ○　**イ** ×　**ウ** ○
**エ** ×　**オ** ×
❷ **ア** じょう水池　**イ** ちんさ池
**ウ** ちんでん池　**エ** ろか池

[2] ❶ ① ふろ　② トイレ　③ すいじ
④ 再利用　⑤ 90　⑥ 節水
❷ (例) ふろでの利用が多いので，ふろで使う水をへらす。
(例) シャワーをこまめに止めて節水し，ふろの残り湯はせんたくやそうじ，水まきなどに再利用する。

[3] ❶ **ア** ○　**イ** ×　**ウ** ×
**エ** ○　**オ** ○
❷ (例) 何度も利用できるガラスびんよう器は，中身がなくなったらお店にかえす。
(例) 燃やすごみをへらすために，着られなくなった服を年下の子にあげる。

**考え方**

[1] ❶ **ア**　イラストに「雨水やわき水をたくわえるため『緑のダム』とよばれる」と書かれています。

**イ**　取水ぜきから浄水場へ水を送るのは送水管ではなく導水管です。

**ウ**　各家庭でいつでも水が出るのは，浄水場が24時間，365日，水をきれいにしているからです。

**エ**　浄水場からは常温の水しか運ばれません。

**オ**　配水池からは配水管，さらに給水管によって水が各家庭に運ばれます。

[2] ❶ ①②③　家庭での水の使われ方を多い順に答えるので，**資料1**に注目します。風呂が88L，トイレが46.2L，すいじが39.6Lです。

④⑤⑥　ふろの残り湯について問われているので，**資料2**を見て考えます。ふろ以外にも節約できる水の量が書かれているので，注意しましょう。

❷ **資料1**か**資料2**を使って，イラストに書かれている節水方法を1つでも書けていれば正解です。風呂に関して以外にも，「歯磨きのときに，水を出しっぱなしにしない。」や「食器を洗うとき，汚れをおとしてから洗うことで，短時間ですすげるようにする。」などでも正解です。

[3] ❶ **ア**　図の「燃やすごみ」にあります。

**イ**　金属ごみは施設で再資源化できるものと埋立処分場に埋められるものに分別されます。

**ウ**　小さく砕かれた粗大ごみは資源として回収されるか，清掃工場で燃やされるか，埋立処分場に埋められます。

**エ**　陶器・ガラス・金属ごみは，「鉄やアルミニウムなど」の「資源回収」か，そうでない場合は「不燃ごみ処理センター」へ運ばれ，埋立処分場で埋められると図にあります。

**オ**　資源ごみは，再生品になると図に書かれています。

❷ 「ごみの種類をあげて」答えるので，「どのようなごみ」をへらすために，「どのような行動」をとるか，を書きます。

<その他の例>

・燃やすごみを増やさないために，余分な食材は買わない。
・粗大ごみをへらすために，いらなくなった家具を人にゆずる。

## 3 かくにんテスト

**答え**

[1] ① 5　② 1991　③ 1995
④ 地震　⑤ 東北　⑥ 47

[2] ア ○　イ ○　ウ ×
エ ×　オ ○

[3] 1 ① 自助　② 共助　③ 公助
2 ① ウ　② ア　③ エ　④ イ

[4] 1 **お**　おさない（押さない）
**は**　はしらない（走らない）
**し**　しゃべらない
**も**　もどらない（戻らない）
2（例）ガスの消し方やブレーカーの落とし方のかくにん。
（例）きんきゅう避難場所へ行く道じゅんを，じっさいに歩いてみる。

**考え方**

[1] ① 年数を答えるので横軸を見ます。

②③ 被害額に注目するので棒グラフを見ます。2011 年から 2015 年の次に被害額が多いのは，1991 年から 1995 年です。

④⑤ 1995 年，兵庫県を中心に阪神・淡路大震災が発生しました。2011 年 3 月 11 日には東北地方を中心に東日本大震災が発生しました。

⑥ 発生件数なので折れ線グラフを見ると，2011 ～ 2015 年で 47 件です。

[2] **ア** 水色や青，ピンクで塗られている部分は洪水などで水に浸かってしまう地域をあらわしています。

**イ** 緑色で大きく避難場所が書かれています。これは目が悪い人にも見つけやすいようにするための工夫です。

**ウ** 駅周辺にも避難場所はありますが，駅の西側，南側に多くあります。

**エ** 消防署は地図の東側にあり，水色で塗られた部分，つまり水に浸かってしまう地域にあります。

**オ** 色で塗られた部分は，駅の北側よりも，駅の南側のほうが広いため，建物が水に浸かる被害は駅の南側のほうが多いとわかります。

[3] 1 ① 災害発生直後は警察や消防はすぐに来られません。自分で自分の身を守る自助からはじめます。

② 地域の人たちが協力して助け合うことを共助といいます。

③ 警察や消防などの救護活動や，国や都道府県，市町村の支援物資の提供などを公助といいます。

2 ① 消火器をつかった消火訓練です。

② 地面と板の間に人が挟まれています。地震などで建物が崩れた場合や家具が倒れて挟まれた場合を想定した救出・救助訓練です。

③ 心臓マッサージをしていることから，医療救護訓練だとわかります。

④ 大きな鍋で食事をつくっています。災害時に料理などを無料で提供することを炊き出しといいます。

[4] 1 消防庁は他に「おかしも」も推奨しています。この場合は「押さない，駆けない，しゃべらない，戻らない」です。

2 絵をきっかけに考えていきます。コンロの火，ブレーカー，道順，非常食，薬など，絵の内容を具体的にとらえ，次に，それらが防災とどのような関係があるのか，どんな行動とつながるのかを考えていきます。

（例）非常用持出袋の中身を確認する。
（例）必要な薬など，救急箱の中身を確認する。

# 5 かくにんテスト

**答え**

1 (1) 道徳 (2) 梅林 (3) 熊 (4) 上達 (5) 年賀 (6) 陸 (7) 共働 (8) 合唱 (9) あきす (10) りよう

2 (1) 着きます (2) ことです

3 (1) めしあがった (2) はいけんした

4 (1) **イ・ア・ウ** (2) **ウ・ア・イ**

5 (1) 自分で働くところをさがすため。(15字)

(2) **イ**

(3) 自分にできること・にこにこしている

(4) **イ**

(5) (例) どんなことがあっても自分が笑顔で過ごしていれば、まわりの人も笑顔になるのだということ。

**考え方**

2 ふつうの表現（常体）に「です」「ます」をつけることによって、聞いている人に敬意を表すていねいな表現になります。

3 相手がした行動には尊敬語、自分がした行動には謙譲語を使います。(1)は相手が食べているので、「食べる」の尊敬語である「めしあがる」を使います。(2)は自分が見るので、「見る」の謙譲語である「はいけんする（拝見する）」を使います。

4 「うかがう」「おいで（になる）」には、意味が複数あります。文の内容に合わせて使い分けましょう。

5

(1) ――①の前のおハルさんの発言をていねいに読むと、「働くため」「自分で働くところをさがさなくちゃいけなかった」「働くところを求めて」という言葉が見つかります。

(2) [A]・[B]に実際に言葉を入れてみて、後に続く「みんなほんとうに苦労した」に続けて意味が通るかどうかを確かめてみましょう。[A]には現地に着くと船で一緒だった人たちと離ればなれになったという意味で「バラバラ」、[B]は「わからない」につながる「ぜんぜん」が入り、言葉がまったく通じなかったという意味になります。

(3) おハルさんのこの問いかけの後の会話をたどっていくと、おハルさん自身が答えを言っています。32~34行目で「今自分にできることを、せいいっぱいやって、なにがあってもにこにこしていること。」と二人に答えを教えています。

(4) 「きょとんとした」とは、何が起こっているのか、どういうことなのかわからずぽかんとしている、という意味です。海外でうまくやっていくコツを尋ねたのに、「にこにこしていること」という、一見的外れに思える回答だったので、咲子ちゃんは意味がわからず、「きょとんとした」のです。

(5) おハルさんは「にこにこしていること」の大切さを二人に伝えています。言葉の通じない土地で苦労したことから、自分の気持ちが周りの人にも伝わるのだということを強く感じているのです。46~48行目で「にっこり笑ってすごしているうちに、苦虫をかみつぶしたような顔の人も、だんだん笑顔になってきた」と話していることからもわかります。

## 4 かくにんテスト

### 答え

**1** (1) 究極 (2) 左折 (3) 着衣 (4) 日課
(5) 不便 (6) 入念 (7) 大敗 (8) 完成
(9) ひとたば (10) たんい

**2** (1) 部屋 (2) 真っ赤 (3) 明日 (4) 姉 (5) 博士

**3** (1) へた (2) ふつか (3) まじめ
(4) ともだち (5) ゆくえ

**4** (1) **エ**
(2) 感じ方・使い分けて・むずかしい
(3) 時間だけで ～ 分けている
(4) しか「ない」ことを強める意味。
だけ「ある」ことを強める意味。
(5) ものを数える・多い・区別

### 考え方

**2**・**3** 漢字一字一字に読みが割り当てられているのではなく、単語全体で特別な読み方をすると決められている言葉です。これを「熟字訓（じゅくじくん）」と呼びます。

**4** (1) 接続語の問題では、前後の内容に注目し、文と文がどのような関係でつながっているかをおさえておきましょう。

A の直前には、あいさつを「おはよう」から「こんにちは」に切りかえる時間のことが、直後には、「こんにちは」から「こんばんは」に切りかえる時間のことが書かれています。前の質問に後の質問をつけ足しているので、「そして」「さらに」などの添加の接続語があてはまります。

B の直前の段落から話題が変わり、「あいさつ以外にも使い分けのむずかしいものがあり、そのひとつが助詞である」ことが書かれています。これに続く7段落の B の直後で、実際にお店で買い物をした場面を例として出しているので、「たとえば」が入ります。したがって、A・Bの組み合わせとして**エ**が正解です。

(2) 2段落の最後にある「だれもが……むずかしいのです」という文に注目しましょう。――①のすぐ後から「なかなか答えられない」理由を説明しています。

(3) 4段落では、「だれに」「どんな」あいさつの言葉を言うかを説明していて、5段落でその内容をまとめています。5段落最初の「この場合」が、直前の4段落の内容を指していることにも注目するとよいでしょう。

(4) ――②直前の「このように」に注目し、7段落の内容をよく読んで答えましょう。「しか」が「ない」ことを強調した表現で、「だけ」が「ある」ことを強調した表現であることが書けていれば正解です。

(5) 要点をまとめた文の空欄の前後にある言葉に注目し、「日本語の助数詞はどのようなときに使うのか」「日本語にある助数詞の種類がどうなのか」「そのために、どのようなことがたいへんになるのか」を考え、8段落の内容と照らし合わせましょう。答えだと思った言葉は空欄に入れて読み、意味が通ることを確認しましょう。

## 3 かくにんテスト

### 答え

**1** (1) 求人　(2) 協議　(3) 城下町　(4) 底力
(5) 電灯　(6) 包帯　(7) 縄　(8) 新芽
(9) しがいち　(10) だいじん

**2** (1) **ウ**　(2) **ア**　(3) **イ**

**3** (1) 竹　(2) 歯　(3) 塩

**4** (1) **ウ**　(2) **ア**
(3) A むかし　B 未来
(4) **ウ**
(5) C 耳　D いま

### 考え方

**2** 慣用句とは、二つ以上の単語が組み合わさって特別な意味を表す言葉のことです。語句の意味だけを覚えるのではなく、例文と合わせて、どんな時に使う言葉なのかを意識して覚えるようにしましょう。

**3** (1) 「竹を割ったような」で、気性がさっぱりしていて素直でまっすぐでまじめな様子を表します。

(2) 「歯に衣を着せない」で、相手に遠慮せずに思ったことをずけずけ言う様子を表します。

(3) 「青菜に塩」で、元気をなくしてすっかり落ちこんでいる様子を表します。

**4** (1) **ア**の反復法は第三連に使われています。**イ**の体言止めは体言（名詞）で行を終える表現方法で、第一連と第二連の最後の行で使われています。**エ**の隠喩は「～ようだ」「～みたいだ」などの語を使わずにたとえる表現方法で、第二連「世界のとびらが　ひらいた」の部分がそれにあたります。

省略法は、あとに続く言葉を省くことで、言葉に表されていない味わいを感じさせる表現方法のことです。

(2) 目をあけて「ぼく」が何を見ようとしているかをおさえましょう。「ぼく」はまわりの様子をしっかりと見て、「いま」「ここ」に「ぼく」として自分が存在していることを実感しています。**イ**・**ウ**は、まわりの様子に気づけていないという内容が書いてあるので、いずれも誤りです。

(3) 空欄の前の「遠い」「はるかな」という言葉にも注意して探すと、第一連に「遠い遠いむかし」、第二連に「はるかはるか未来」という表現が見つかります。

(4) 第一連で左の耳から「むかし」の音がきこえ、第二連では右の耳から「未来」の音がきこえてくる、と書かれています。第三連ではそれらの音をきき、目を見開いて「いま」を見わたし、自分が過去と未来のどちらにもつながる現在に生きていることを強く実感していることにふれています。正解は**ウ**。**ア**は過去と未来を中心に考えているので誤り、**イ**は「疑問」に思っているという部分が誤りです。

(5) 鑑賞文は詩と照らし合わせながら読みましょう。(4)の解説にもあるように、第一連と第二連ではどちらの「耳」ですましているのかときこえる音がちがっています。第三連では「いま」を実感してまわりを見わたしています。

## 2 かくにんテスト

### 答え

**1** (1) 的中　(2) 鏡台　(3) 岸辺　(4) 訓練
(5) 給水　(6) 害虫　(7) 位置　(8) 改良
(9) きしょう　(10) てばた

**2** (1) **ウ**　(2) **イ**　(3) **カ**

**3** (1) **ウ・エ**　(2) **イ・カ**　(3) **ウ・エ・オ・カ**

**4** (1) **イ**　(2) **ウ**　(3) **イ**
(4) 仲がいい・好き

### 考え方

**2** 修飾語は、後に出てくる言葉について、「どんな」「何を」「どこに」などの情報を加えてくわしくするはたらきをもつ言葉です。また、修飾する言葉と修飾される言葉は、つなげて読むと意味が通ります。□の言葉より後に出てきている言葉に一つ一つつないで確かめながら、くわしくしている言葉を見つけましょう。

**3** 一つの言葉に対して複数の言葉が修飾語になることがあります。この場合も、一つ一つつないで意味が通るかどうかを確認することが大切です。また、述語に対する修飾語を考える場合、主語は修飾語に含まないことにも注意してください。

**4** (1) 笑っている二人がどのようなことに対してどういう気持ちで笑っているのかをおさえましょう。16・17行目に「最近、ときどきシカトされる」とあることから、ここでの「笑う」という行動は、よい意味を持っていないことがわかります。――①の後で、実際には言われたわけではないけれど、笑っている二人が補助倒立もまともにできない自分のことをばかにしている「補助倒立もまともにできないなんて」という言葉が頭にひびいています。結羽は、おかしくていい気味だと思われている、と感じているのです。

(2) 「もしかしたら」の後には、直前の「理由はわからない」を受けて、「(もしかしたら)あのことが理由でシカトされているのかもしれない」と補足することができます。「あのこと」については、46～48行目で、結羽が岳人の家から出てくるのを小春に見られた後から、シカトされるようになったということが書かれています。

(3) 「口をとがらせる」は、不満な顔つきを表す時の表現です。岳人は「なんで無視すんだよ」と言っていることからも、よく知っている仲である結羽が自分を無視することに対して不満を覚えていることがわかります。

(4) 結羽は岳人のことを「こんなやつのどこがいいのか」と思っていますが、「なぜか女子に人気がある」ようです。「なんで岳人は、あの無駄に背が高いだけの結羽なんかと仲がいいの？」という陰口をたたく他の女子の立場から見ると、結羽のことがうらやましいという気持ちから、ひょっとして結羽は岳人のことを好きなのではないかと誤解するかもしれない、ということです。実際に、小春は「岳人のことが好きなのか」と結羽に直接聞いています。

## 1 かくにんテスト

**答え**

**1** (1) 結果 (2) 天然 (3) 関心 (4) 大群
(5) 実験 (6) 漁業 (7) 必死 (8) 加熱
(9) せつど (10) こうてん

**2** (1) 利く (2) 差す (3) 返る (4) 開ける

**3** (1) **ア** 期間 **イ** 器官 (2) **ア** 付く **イ** 着く

**4** (1) ねらい・身をまもる
(2) (例) 種によってみなおなじもようをしている (18字)
(3) **ア**
(4) ・(一人ではできなくても) 仲間といっしょに協力することでできることがたくさんある点。
・助けあうことで危険から身をまもり、仲間からたくさんのことを学んで成長する点。

**考え方**

**2** 同じ訓読みをするのに異なる字を使うものを「同訓異字」といいます。それぞれ、どのような文の中で使われている言葉かを考えて使い分けるようにしましょう。漢字のもともとの意味を考えておくと、熟語全体の意味もわかりやすくなります。

**3** (1)同じ発音でも異なる字を使うものは「同音異義語」といいます。(2)は**2**と同じく「同訓異字」です。それぞれの文での意味を考えて漢字を使い分けましょう。

**4** (1) シマウマの模様が一頭ずつ異なっていることの効果は、——①の前後で説明されています。群れて模様が重なると、ライオンから見ると、ねらいがさだめにくくなり、その結果、肉食動物から身を守ることにつながるのです。はじめから字数だけで探すのではなく、前後の内容や意味と合わせて答えを探すようにしましょう。

(2) ——②直前の「そのため」に注目しましょう。**3**段落の——②までの内容に、同じ種の魚が同じ模様をしていることで、固まると一匹の大きな魚に見えるとあります。

(3) [A] は直前の「仲間といっしょにいて多くの目でえさをさがすので見つかりやすいし、危険もいち早く知ることができる」と、直後の「仲間からえさの食べ方や、敵におそわれたときのにげ方もおぼえる」とを並べて説明しています。したがって並列・添加の「また」が入ります。

[B] は少し前に書かれている「先頭より後ろのほうが水のていこうが少なくて泳ぎやすい」という内容と、直後に書かれている「後ろは楽とはいいきれない」という内容が対立しています。したがって逆接の「でも」が入ります。

(4) ——③の直前に書かれている内容を二つに分けてまとめましょう。「また」という接続語が目印になっています。「また」の前には「一人ではできなくても仲間といっしょに協力することでできることがたくさんあります」、後には「助けあうことで危険から身をまもり、仲間からたくさんのことを学んで成長します」とあります。

# ■単元一覧

- 丸数字の番号は，大問番号を表しています。
- 教科書や『Z 会グレードアップ問題集』（別売り）などで復習する際は下記をご参照ください。

| | 第１回 | 第２回 | 第３回 | 第４回 | 第５回 |
|---|---|---|---|---|---|
| 算数 | ❶❷わり算の筆算<br>❸線分図<br>❹台形，平行四辺形，ひし形<br>❺大きい数 | ❶計算のきまり<br>❷計算のくふう<br>❸論理<br>❹三角形の角度<br>❺面積の換算<br>❻複雑な形の面積 | ❶小数のたし算とひき算<br>❷小数のかけ算数とわり算の筆算<br>❸組み合わせ方<br>❹❺等積変形<br>❻折れ線グラフ | ❶❷分数のたし算とひき算<br>❸誕生日マジック<br>❹展開図<br>❺面積図 | ❶❷概数<br>❸計算パズル<br>❹図形パズル<br>❺必勝法 |
| 国語 | ❶漢字<br>❷❸同音異義語・同訓異字語<br>❹説明文（自然） | ❶漢字<br>❷❸修飾語<br>❹物語（対立・葛藤） | ❶漢字<br>❷❸慣用句<br>❹詩 | ❶漢字<br>❷❸特別な読み方をする熟語<br>❹説明文（言葉） | ❶漢字<br>❷❸❹敬語<br>❺物語（生き方） |
| 理科 | ❶植物の１年間<br>❷動物の１年間<br>❸ものの体積と力<br>❹天気と気温 | ❶人の体<br>❷水のすがたとゆくえ<br>❸電気の働き | ❶星座の観察<br>❷月の動き<br>❸ものの体積と温度<br>❹ものの温まり方 | | |
| 社会 | ❶都道府県（近畿地方）<br>❷都道府県（東北地方）<br>❸❹特色ある町作り・先人の働き | ❶浄水場の働き<br>❷水の使われ方<br>❸ごみの処理 | ❶❷自然災害への対策<br>❸❹防災対策 | | |

Z-KAI